災害支援者支援

高橋 晶=編著
Sho Takahashi

Support for Disaster workers

日本評論社

はしがき

　東日本大震災以降、災害時のメンタルヘルスの重要性が取り上げられるようになったが、災害時における支援者のメンタルヘルスに関しては注目されるようになってからまだ日が浅い。本書は『こころの科学』189～200号のリレー連載「支援者支援学」をもとに新稿を加えたもので、復興のキーパーソンである災害支援者をどう支えていくかという災害支援者支援をテーマとした本邦初の書籍である。災害支援者とは、警察官、消防士、救急救命士、自衛官、海上保安庁職員、医療職、行政職、教職員、ボランティアなどが含まれる。

　支援者支援の必要性を理解することによって、災害急性期から中・長期を見据えた支援者支援計画を被災地域とともに確立することを目指す。また、災害精神医学は災害時にのみ行われるものではなく、平時からの体制整備が重要である。このため、平時から災害精神医療・保健支援体制の整備を行い、普段から支援者支援を行えるよう準備・トレーニングを行い、災害時に備える。これによって平時の各職場での産業メンタルヘルスにも改善がみられるはずである。

　過去の災害では、支援者支援について以下の課題が浮き彫りになっている。

・大規模災害で、支援の対象となりうる最大数万人の被災者、および被災地内・外の多くの被災者を支援する災害支援者へのメンタルヘルスケアのすべてのニーズに対応することは困難であった。派遣された災害精神医療チーム（DPAT）も支援者支援を行い、またさまざまな組織・団体が各々に工夫して支援者支援を行ったが、すべてのニーズに対応することはできず、時期・期間、対象や支援内容が

不均一であった。
・「支援者支援」に明確な定義がなく、対象や支援内容に共通の認識、および標準化された手法がなかった。
・ストレスチェックの共通書式、実施後のフォローアップ体制が考案されていなかった。

　本書は、以上の課題に対し、支援者支援の実例をもとに、現時点での支援者支援のあり方について共通の認識をもつことを目的として、提言し、啓発するものである。圧倒的に多い被災者、それを全力で支えている多くの支援者を支えること——災害支援者支援は重要である。被災者を支える支援者を支えることが、実は間接的・直接的に被災者を支えることになる。災害支援者支援は、被災地のためになり、また平時の支援者、働く人のメンタルヘルスに大きな力を与え、平時から市民のこころを守る体制整備につながる。

　支援者支援学は、今後、さらに進化していくポテンシャルをもっている。現時点で提示できる範疇については限界があるが、今後の文献、調査、実働に伴ってさらに整備されていくだろう。

　本書の骨子は、「支援者支援の必要性を読者に理解してもらうこと」「平時からの準備、災害精神医療・保健支援体制の整備を行うこと」「災害後の対応の方法を学習すること」であるといえよう。

　最後に、本書を作成するにあたって、これまでの災害支援の実践に携わられた多くの方に感謝申し上げる。災害の多い日本において、今までの歴史の中で、医療、保健、行政など災害に関わったすべての方々が体験し、工夫し、蓄積した、その優れた先見の明と積み上げてきた知見が、現在の日本を、日本の災害精神医学を形作っている。これからも先人の積み重ねた対応という肩の上に感謝の念をもって立ち、日本の災害精神に役立つ連鎖に続くことができればと思っている。

2018年　髙橋　晶

目　次

第1章　災害精神医学とは　………………………　高橋　晶　7
　はじめに　7
　災害とは　8
　日本の災害　8
　災害時のメンタルヘルスとは　10
　時間ごとのこころの反応　15
　サイコロジカル・ファーストエイドと支援の心構え　17
　こころのケアチーム、そしてDPATについて　18
　災害精神医学のなかの支援者支援学　20
　まとめ　23

第2章　支援者支援学とは　………………………　藤岡孝志　25
　支援者支援学あるいは援助者支援学　25
　支援者支援学を構成する諸概念　26
　支援者支援における対策　34
　共感疲労から見えてくる支援者の多様性　35
　支援者支援モニタリングシステムと支援者の機能　36
　支援者支援の今後の方向性　37

第3章　災害支援者支援のメンタルヘルスの原則　………　高橋祥友　39
　災害支援者支援の大原則　40
　配慮が必要ないくつかの点　44
　まとめ　47

第4章 極度のストレス下で起こりうる反応 ……………… 高橋 晶 49
- 極度のストレス下とは　49
- ストレス下で支援者に起こること　50
- 極度のストレス下で起こる反応　53
- 自己治療の末に起こること　63
- 惨事ストレスについて　64
- 支援者支援の例　65
- まとめ　66

第5章 リジリエンス ……………………………………… 袖山紀子 67
- リジリエンスとは　68
- 災害とリジリエンス　71
- リジリエンスの要因　72
- まとめ　74

第6章 救援活動前の準備──教育と訓練を中心に ……… 清水邦夫 77
- 平時における災害時を見据えたメンタルヘルス教育　78
- 普段から災害に備えて訓練しておく　83
- 発災後、出発までの短期間に行うべき準備と教育　85
- 支援者への教育に関する今後の課題　86

第7章 救援活動中のケア ………………………………… 長峯正典 89
- 組織レベルでのメンタルヘルス対策　89
- 個人レベルでのメンタルヘルス対策　94

第8章 救援活動後のケア ………………………………… 藤原俊通 99
- はじめに　99
- 救援活動後のケア　100
- 活動終了後のケアの先にあるもの　103
- 事　例　106
- おわりに　108

第9章 災害支援者に対するフォローアップ……………高橋　晶　111
はじめに　111
派遣からフォローアップまで　112
フォローアップの期間　113
ねぎらいが大切　115
家族への援助　115
こころの防災教育──自分を知る、自分の限界を知る　116
救援活動前後からフォローアップ、次の災害への準備　116
各組織におけるフォローアップ例　119
おわりに　122

第10章 派遣組と留守組との良好な関係…………………長峯正典　125
派遣に際して注意すべき事項　126
派遣組が直面する困難　127
留守組が直面する困難　127
派遣組が任務を終える際に求められる"クールダウン"　128
派遣任務終了後の両者の違い　130
良好な関係を維持するための"ねぎらい"　131
おわりに　132

第11章 さまざまな職種における災害支援者支援 …………高橋　晶　133
支援者支援の基本的な構造　133
消防における支援者支援　136
警察における支援者支援　138
海上保安庁職員における支援者支援　140
行政職における支援者支援　141
医療者における支援者支援　143
教師における支援者支援　145
ボランティア・一般的な作業員における支援者支援　148
ジャーナリストにおける支援者支援　149
支援者支援をするうえで活動・協働する可能性のある職種　149

まとめと対応　151

第12章　災害支援者家族の支援とは　………………………　脇　文子　157
　　はじめに　157
　　災害支援者家族の支援とは　157
　　「支援者家族の支援」が支援者支援となる　158
　　支援者家族に対して組織ができる支援とは　163
　　おわりに　167

第13章　被災地における災害支援者支援　………………　野口　代　169
　　──中・長期的なこころのケアに焦点を当てて
　　災害時の支援者にとってストレスとなるもの　170
　　支援者のリジリエンス　172
　　支援者のリジリエンスを促進するための方法　176
　　おわりに　178

第14章　支援者が燃え尽きては支援活動は進まない　………　高橋祥友　181
　　燃え尽き症候群を防ぐには　183
　　職員派遣の際の留意点　185
　　まとめ　188

　　コラム1　ハリケーン・カトリーナ　76
　　コラム2　9・11米国同時多発テロ　88
　　コラム3　トモダチ作戦　110
　　コラム4　被災者・支援者の言葉　156
　　コラム5　「ごちそうしたいんだよ」　168
　　コラム6　災害対策は他人任せでよいのか　180

第1章
災害精神医学とは

高橋　晶

　日本は災害の多い国である。震災、水害に代表される巨大災害は、わが国の歴史の中で繰り返し起こっている。日本人はその災害をくぐり抜けて現在まで生き続けてきた。次に起こる災害への準備・備えは、社会制度、日常の人々の生活や意識の中でつねに必要とされている。

　被災者の命を救う救急医療は大変重要である。一方、最近、とくに災害時のメンタルヘルスの重要性が問われている。第1章では、総論として災害がもたらすメンタルヘルスの問題、災害精神医学について述べる。

はじめに

　日本は四季があり、海に囲まれ、山が多く、美しい自然に恵まれた国である。しかし、歴史を振り返ってみると災害の多い国でもある。地震、台風、水害、噴火、雪害など、日本人は数多の災害と向き合い、時に甚大な被害を受け、多くの犠牲を払い、それでも力強く乗り越えてきた。

　未曾有の2011年の東日本大震災から早くも数年が過ぎた。想定外の事

象が起こり、数多くの犠牲者、多くの被災者を生み出した。また、2016年には熊本地震も起こった。2018年には平成30年7月豪雨として、西日本で広範囲に水害が起こった。他にも洪水被害、火山の噴火など、毎年何らかの災害が日本のどこかで起こっている。その後、各被災地で復興が行われてきているところである。災害後の支援・復興には時間がかかり、急性期、そして中・長期の精神的支援は欠かせない。

災害とは

　災害とは、自然現象や人為的な原因によって、人命や社会生活に被害が生じる事態を表す。自然災害（天災）と人的災害（人災）に大きく分けられる。自然災害には、自然現象によってもたらされる、地震、津波、台風、竜巻、火山の大噴火、雪害などが挙げられる。何らかの悪意をもって引き起こされた意図的災害としての人災には、テロ行為や戦争などが含まれる。

　自然災害と人的災害が明瞭に区別できる場合だけではなく、両方の原因が関係している災害もある。時に自然災害と人的災害が合わさる複合的災害となり、大規模災害ではその結果、要因が複雑に絡み合い、被害が大きくなったり、対応が難しくなったりすることがある。単純に考えてみると、何らかの災害が起きても、そこに人が住んでいなければ、救助が必要ではないこともある。その点からすると、そこに住んでいる、もしくはそこに何らかの必要があって人が活動していて初めて、災害による救助の必要性が生じる。被災者の命を救い、その後のさまざまな喪失から再適応するためにサポート・支援をする人が必ず必要になる[6]。

日本の災害

　日本で起こった災害を調べていくと驚くほどその総件数は多く、一年

の間に必ず日本のどこかで何らかの災害が起こっていると言っても過言ではない。台風、地震、水害、火山の大噴火といった自然災害の例が多い。しかし、航空機事故や鉄道事故で多くの犠牲者が出た例もある。

1995年3月に起こったオウム真理教地下鉄サリン事件では多くの死者を出したように、テロも日本にとって決して無関係ではない。ニューヨーク、パリなどの大都市を中心に世界中でテロが増えている中、日本でも緊張が高まっている。一時期、ミサイル攻撃の報道もあった。グローバル化した現代社会においては、テロや戦争は日本にとっても他人事ではない。オリンピックなどの大規模なイベントでは多くの人が集まり、そこを狙い撃ちされる可能性も指摘されている。

2011年3月11日に発生した東日本大震災では、わが国の観測史上最大のマグニチュード9.0を記録した。この地震によって発生した大津波が、東北地方から関東地方の太平洋沿岸部に壊滅的な被害をもたらした。また、地震の揺れや液状化現象、地盤沈下などによって、広大な範囲で被害が発生し、ライフラインも寸断された。ピーク時の避難者は40万人以上、死者・行方不明者は計2万人弱とされている。

また、地震と津波の被害を受けた東京電力福島第一原子力発電所では、電源を喪失し、原子炉を冷却できなくなり、放射性物質の放出を伴う重大な事故が発生した。周辺の多くの住民は避難を強いられ、原子力発電所事故の収束には今後も長期間かかると考えられている。

東京電力福島第一原子力発電所の事故も自然災害と人的災害の2つの面がある。事故発生直後、政府は放射線量やその分布の正確な発表を控えたため、線量の低い地域への避難が効率的にできなかったという批判がある。

最近、世界の大都市でテロが起こっているが、欧米諸国では、より迅速に身体的外傷に対応できるよう訓練・対策が行われ、日本においても災害派遣医療チーム（Disaster Medical Assistance Team：DMAT）を中心に対策が行われてきている[(4)]。時に自然災害以上に人的災害のテロに

よって心的外傷が生じやすいことも考えられる。テロ時の精神的問題への対応も必要とされてきている。

災害時のメンタルヘルスとは

　災害時には、多くのものを失い、多くの人が身体的な健康、こころの健康を損なう。その中でメンタルヘルス、こころの健康をいかに守るかを考えていかなければならない。
　そのためには、事前に災害時に何が起こるかを知っておく必要がある。災害が実際に生じる前にそれに備え、現実に災害が生じた際にはそれに適切に対応し、災害がもたらした影響を可能な限り小さなものとして回復を図ることが目的となる。
　大規模災害により、日常生活で経験するストレスをはるかに超えた強大なストレスを受ける。その際にこころのケアが必要となるのは以下の人々である[6]。
　こころのケアの対象となる人々は、「被災者」と「救援者・支援者」に大きく分けられる。ここでは「被災者」をさらに、発災前は精神的な問題を抱えていなかった「一般住民」と「精神障害を抱える人」に分けて考える（本書では「救援者・支援者」について主に扱うが、本章では後述する）。

(1) **一般住民**
①健康な人
　発災前から高い社会適応力を示していた人は、たとえ大規模災害を経験したとしても、その多くは過度のストレス状況下でも柔軟な適応力を示す。したがって、このような人に対して闇雲にこころのケアを提供しようとすると、かえって抵抗を受けることになりかねない。ここでは、身内の安否が確認できるような態勢をとるとともに、安全な避難所を確

保し、十分な食事を提供し、なるべく早い段階で基本的な日常生活を再開できるようになるための援助が最優先される。このような人々に対しては、心理的応急処置（サイコロジカル・ファーストエイド）に基づいた対応が必要とされる（後述）。これは傷ついたこころの回復を助けるための基本的な対応法である。また、ゆっくり息を吐くなどの腹式呼吸法など、普段から行っている簡便なストレスマネジメント技法を継続したり、新たに始めたりすることもよい対応法になる。

②災害を契機として精神症状を呈している人

発災前にはとくに問題を呈さずに健康に暮らしていた人が、大規模災害が契機となって、急性ストレス障害（Acute Stress Disorder：ASD）、心的外傷後ストレス障害（Posttraumatic Stress Disorder：PTSD）、うつ病、アルコールや薬物の乱用、不安症、さまざまな身体的訴えなどを呈するようになることがある。被災地では時にPTSDを発症していても受診せずに耐えている人もおり、医療に結びつかないこともあるので配慮が必要である。その反面、大規模災害においても、多くの人は人間が本来有している高い適応能力であるリジリエンス（resilience）によって困難な状況にも柔軟に対応している点も注目すべきである。

③災害要援護者

さらに、一般住民の中には、いわゆる「災害要援護者・避難行動要支援者」と称される、子ども、身体・精神障害者、妊産婦、高齢者、外国人などが含まれる。大規模災害に対する抵抗力が低く、平時から特別なケアが必要とされる人々であり、十分に配慮する必要がある。

(a)子ども、妊産婦

東日本大震災では多くの家族が避難で苦労をした。幼い子どもに環境変化の激しい避難所生活は難しく、結局自宅に戻ったという母親の声があった。また、避難所での雑魚寝では1歳の息子が寝つけず自宅に戻るも、自宅避難では情報が入らないという問題もあった。さらに、妊娠中

のある女性は、避難した先で新しく病院を探して出産することは本当に大変で、出産難民とでもいうような状況であった。

　避難所で幼い子どもが泣いたり騒いだりしてしまうと、他の避難者から「うるさい、静かにさせて」などと怒鳴られるので、ずっとビクビクしていたり、避難所を出て、狭い車の中や壊れかけの自宅に戻ったりした子ども連れの人が大勢いた。避難所では誰もがイライラしているので、こういうことがよく起こる。子どももストレスがたまって情緒不安定になり、どうにもならなくなることがある。避難所には子どもが自由に遊べるスペースは少なく、また言葉で気持ちを表すことが大人に比べると難しいため、子どものメンタルヘルスを守るためにも、子どもが遊べる空間を作ることが推奨されてきている。

　避難所で気を遣って育児をしている親も、緊張感などからストレスがたまり、夫婦喧嘩が増えることがあった。子育て世代の仮設住宅があったらいいなどの声もあり、育児世代の特有の強いストレスを多くの人が感じていたことがわかる(7)。

(b)知的障害

　知的障害は、病理的、生理的、心理的などさまざまな要因で知的機能に制約があり、適応行動に制約を伴う、発達期に生じる障害である。このため、平時から生活で困りやすく、保護者が対応する必要が生じる。災害時に困ることとしては、周囲にいる人が知的障害と判断できずその特徴が理解されない場合があること、周囲の人からの状況説明を本人が理解できないこと、周囲の人に自分のこと（氏名・住所・連絡先など）を説明できないこと、コミュニケーションが困難であること、災害による異常な状況で情緒不安定になりやすくパニックを起こすことがあることなどが考えられる。

　また、落ち着くことができなくて、避難所で多動となることや時に大声を出したり、状況にそぐわない行動をしてしまい、周囲の避難者から怒られることがある。そのために保護者の負担も増えて、その対応に家

族が心身ともに疲れ果てることもよく聞く。時に静かに家族と避難所を出て、まだ危険のある自宅に戻ることもある。

(c)高齢者

高齢者も災害時に避難所など多くの人が密集する環境において、援護が必要な人である。平時から、身体機能の低下している方も少なくないため、夏場の高温の体育館では熱中症の危険性もより高いし、冬には肺炎などの感染症にもかかりやすい。また夜間は転倒の危険性も高い。耳や目などの感覚器の衰えがあり、情報を得ることが遅れることもある。また高齢になるにつれ、認知症とはいえない状態であっても、認知機能が低下している人もいる。

(d)認知症

認知症の人は避難所の状況をうまく判断することが難しく、徘徊をしたり、大声を出したりすることがあり、イライラしている避難所の利用者から叱責された本人や家族が時に静かに避難所を出ていくことも少なくない。

(e)外国人

外国から旅行に来た人や、日本に在住していても日本語の不得意な外国の人がいる。避難所に書いてある案内や、日本語のみのアナウンスで理解することができず、避難所での生活において不適応を起こすことがあり、平時以上に援助が必要である。

(f)その他

身体の障害のある人など、平時から援助が必要な人が災害時にはさらに援助が必要になり、支援者はより配慮をして対応する必要がある。

④避難所生活に適応不全を呈する人

どんな人でも、避難所などのプライバシーがない場所での共同生活では、徐々に緊張が高まり、夜間は物音で起きてしまったり、些細なことで口論になったり、期間が長くなるほどストレスが高くなる。個人・家族ごとにライフスタイルが違い、知らないコミュニティとの生活、ペッ

トの問題、食事の問題など、さまざまな問題が発生する。特に上記③の「災害要援護者」といわれている人には風当たりが強くなり、時に他の被災者からバッシングがあり、避難所にいられなくなることがある。そのために壊れかけの自宅に戻ったという人が決して少なくなかったと聞く。また、加熱した報道合戦の影響で、安心して休めないこともある。このように、避難所で生活するということは多様な問題への対応を余儀なくされるため、避難所の管理者にはさまざまな面での配慮が求められる。

(2) 精神障害を抱える人
①重症の精神障害をもつ患者

入院治療や専門的治療が必要とされる重症の精神障害をもつ患者も、不十分な設備しかない避難所の環境では適切な治療が受けられない。病状がさらに不安定になると判断される場合には、可能な限り早い段階で、被災地から離れた安全な精神科医療機関に移送することが必要になる。

②治療の中断により症状が再燃する患者

治療に通っていた病院が被災し、薬がなくなり服薬できなくなるなど、それまでに受けられていた治療が突然中断されたために、精神症状が再燃する患者が少なからず存在する状況に備える必要がある。

③避難所生活に適応不全を呈する患者

発災前は、精神障害を抱えていたとしても、地域で治療を受けて、自宅など慣れている環境では十分に適応して生活していた人がいる。しかし、(1)の④でも取り上げたように、大規模災害が発生すると、避難所のような不慣れな環境で、多くの人々と協調して生活しなければならない状況に置かれてしまう。そのために精神症状が悪化した患者が他の被災者との間で問題を起こすといった状況が生じうる。

④アルコールの離脱症状を呈する人

　発災前はアルコール関連の問題を抱えていることに気づいていない、もしくは目立たなかった人が大勢存在する。大量の飲酒を長期にわたって続けてきた人が被災して、突然、習慣的な大酒ができなくなると、アルコールの離脱症状を呈する可能性がある。飲酒が急にできなくなったために、手指の震え、発汗、吐き気、イライラ、不眠などが生じ、最悪の場合はけいれんや意識障害を呈することさえある。そこで、アルコールの離脱症状への対策も考えておかなければならない。

時間ごとのこころの反応

　時間経過とともにこころの反応は変化していく。以下は一つの例として記載する。

　災害直後は茫然自失で、ただ、あまりの圧倒的な自然の脅威に意気消沈する。それから数日経つと、何とかこの局面を脱しようと協力をして、活動的になる。その後、ハネムーン期といわれる被災者自身がお互い協力して助け合う時期があるが、ただその期間も長くは続かない。徐々に体を酷使したり、無理をした疲労が顕在化したりする。避難所生活やライフラインの整っていない状況で十分に休めないため、疲労が蓄積し、健康面を害したり、人間関係が悪化したりすることがある。その後、幻滅期に移行する。そこからゆっくりと復興していくが、知り合いが亡くなれば月命日で落ち込んだり、また災害から1年が経てば記念日反応でまた調子を崩したりすることがある。このように上下しながらゆっくり回復していく。

　発災後の最初の数週から数ヵ月の急性期を考えてみる。

　より専門的な支援を必要とする人々とは、命にかかわる重傷を負っている人、気が動転して自分自身や子どものケアができない人、自傷の恐れがある人、他の人を傷つける恐れがある人、精神障害をもつ人、普段

飲酒している人などが挙げられる。精神的に問題を抱えた人、重症入院患者の移送の問題、避難所での適応の問題、薬が手に入らないなど精神科治療中断による症状の悪化、アルコールの離脱症状が起こりうる。

　実際に被災者に支援をする際、健康な人には「こころのケア」を前面に出すと「大丈夫です、間に合ってます」と介入に抵抗することが多い。いきなり見ず知らずの人が「こころの支援に来ました」と言っても、最初は一人で考えたい場合もあるだろうし、逆にとにかく誰か安心できる人に話を聞いてもらいたいこともあるだろう。その前段階としては、まずは生活に必要なもの（衣食住）を提供（後述のサイコロジカル・ファーストエイド）し、必要に応じて喪失体験や悲嘆に対して、無理に話を聞きすぎることなく、本人のペースで話してもらえるようであれば、それを傾聴する。話したくない時には、「またお声かけください」と伝えるにとどめ、そばにいて安心感を与えるだけでもよい。無理に聞こうとしないことが大切である。それぞれの被災者のタイミングで話したい時もあるし、話すといろいろと怖いことも思い出すので話したくない時もある。孤独にさせないで、「何かあったらいつでも対応できるよ」というスタンスがよいだろう。

　中・長期、復興期になると、徐々に県外・地域外からの支援者が減ってくる。その時に、今までは支援してもらっていたが、その支えが減り、不安になることもある。またある程度先が見えてきた時に、ずっと背負ってきたものが改めて重くのしかかり、抑うつ状態になることもある。眠れなくて、自己治療的に飲酒し、その量が増えていくこともある。被災によって、その地域の絆が壊れ、時に地域外の親戚を頼ったり、一時避難のつもりがそのまま避難先で生活を開始したりして、もともとあったその地域のコミュニティが崩壊し、絶望的な気持ちをもつ人がいる。その中でも、皆が力を合わせて徐々に復興していく。その間、この災害があったことを忘れたいが、忘れてはならないと風化を恐れる気持ちもある。

自然災害や人災に痛めつけられて、二度とこのような悲しみを味わわないように経験から教訓を得るのであるが、その時の高い危機意識は、年月とともに、集団社会からも個人からも色あせてゆくのが世の常である。「天災は忘れた頃にやってくる」とは明治時代の寺田寅彦氏の言葉である。危機意識の風化に対する戒めであるが、この気持ちも徐々に薄れ、しかし、次に起きるかもしれない災害に対して、人はまた準備をしていく。この間に、つらかったことを思い出して悲嘆しながらゆっくり復興していく。こころの復興には予想以上に時間がかかることがある。

サイコロジカル・ファーストエイドと支援の心構え

　サイコロジカル・ファーストエイド（Psychological First Aid：PFA）という心理的応急措置も最近重要視されている[1]。

　深刻なストレス状況にさらされた人々への人道的・支持的かつ実際に役立つ援助、実践的な支援方法として、PFAは専門家にしかできないものではなく、どんな人でも行うことができる技法であり、押しつけがましくない、実際に役立つケアや支援を行うものである。ニーズや被災者の不安の受容、水や食料など必需品の援助、無理強いせずに傾聴すること、安心させて落ち着かせること、被災者に情報や公共サービスや社会的支援をつなぐこと、さらなる危害からの保護をすることなどであり、これらの技法は日常生活でもおおいに役立つものである。これらの原則は「準備、見る、聞く、つなぐ」というシンプルな構造であり、これはわれわれが平時において行っていることであるが、災害時にはこのような当たり前のことが行えなくなる。この原則に基づき、「Do No Harm」の精神で支援することによって、傷ついている人をこれ以上傷つけないことが何よりも重要である。また、支援において大切なことは、"支援をする側には力・物があり、される側に与える"という構造がある。この基本的な構造のため、時に「上から視線の支援」になりが

ちであることを意識しておくべきである。

　支援するにあたっては理念が必要で、私利私欲のためではなく、すべての支援は困っている被災者に役立つためと考え、そのために必要なことを配慮しながら行うことが望ましい。支援のもつパワーを理解し、被災者のために行う。PFAは、世界保健機関（WHO）や、アメリカ国立PTSDセンターとアメリカ国立子どもトラウマティックストレス・ネットワークが開発したもの、子どものためのPFAなどがある。ダウンロードできるものもあるので、事前に勉強しておくとよい。

　何らかの形で近い将来支援に行く時にも、平時においても、この学びは必ず役に立つと考えている。

こころのケアチーム、そしてDPATについて

　東日本大震災時、被災者のこころの問題をサポートする「こころのケアチーム」が入って活動した。多くの被災者に対して積極的な精神的サポートが行われ、こころのケアの重要性を改めて国民が認識した。

　しかし、その一方で課題も見受けられた。指示系統や関連する災害医療チームとの連携などの問題があった。災害急性期に、重篤な被害を受けた精神科病院が孤立し支援が遅れ、機能停止した精神科病院からの患者搬送、人員・物資等の支援が困難であった。精神科医療機関、避難所などにおける精神保健医療に関するニーズを把握することが難しく、効率的な活動が困難であった。また、指揮命令系統が決まっておらず、こころのケアチームを効率的にコーディネートすることが課題であった。

　平時の準備体制の不備もあり、要請を受けてからチーム編成を行ったために、人員・資機材の確保に時間を要したり、災害時の精神保健医療の研修体制がなく、専門性をもったチームの質の担保が困難であったりした。すなわち、精神科医がいるチーム、看護師だけのチーム、心理職だけのチームなど、こころのケアチームといっても各チームの構成員は

決まっておらず、精神医療を行うことができるチームばかりではなく、ニーズに合わせての対応が困難であった。その反省を活かして、厚生労働省のもと、災害派遣精神医療チーム（Disaster Psychiatric Assistant Team：DPAT_{ディーパット}）の育成・配置が各都道府県・政令指定都市で始まっている。情報共有も東日本大震災時には紙ベースであったが、今はインターネットを用いたデータ収集へと進化した。構成員も精神科医、看護師、その他精神関連職種、ロジスティック対応員などで構成するよう取り決めがされている。ある一定の基準の研修を受けているので、各都道府県でのDPATチーム教育に偏在がないよう配慮されている。つまり、すべてのチームが求められる災害精神医療に対応できるようトレーニングされている。

　このような形で、標準化されたチームができてきている。災害を完全に防ぐことは難しいが、次に起こるかもしれない大災害に対して準備体制を構築している。災害後48時間以内に被災地入りするDPAT先遣隊も各県で整備が進み、超急性期からの精神的課題に対しても準備・整備が進んでいる。また、中・長期の支援について各地域での精神医療、精神保健の早急な立て直し、強化、DPATからの引き継ぎについて、平時からの準備、体制整備が求められている。サッカーでたとえるなら、より組織的なサッカーができるようになったということであろうか。すなわち、ニーズに合わせて、調整しながら必要な支援を必要なだけ効率的に行えるようになったということである。以前は皆がバラバラに介入していたが、よりニーズに合わせた対応ができるようになってきた。もちろんまだ課題は多い。

　2014年の広島土砂災害、2014年の御嶽山噴火災害、2016年の常総市水害、2017年熊本震災、2018年西日本の水害などでDPATは活動を行い、さらにこれから起こる災害に対応すべく年々進化して準備をしている。

災害精神医学のなかの支援者支援学

　本書のメインのテーマは災害時の支援者支援である。なぜ今支援者支援学なのか。
　支援者支援学は、災害ストレスメンタルヘルス＋産業メンタルヘルス＋αであると考えている。αは災害時のシステムであったり、多職種連携であったり、リエゾン体制であったり、それぞれの業種などで変化する災害時に必要な知識やシステムである。
　支援者支援とは字のごとく、支援者を支援することである。災害時の支援者は、もともとは救助者・救援者と言われていた時期もある。救助者は体をはって助けるイメージがある。困難な状況や危険に陥っている人を助けることと辞書では定義され、「救助の手を差し伸べる」「被災者を救援する」などに使われる。救援者は警察官、消防士、救急救命士、自衛官、海上保安庁職員などが挙げられる。支援者は力を貸して助ける人であり、基本的には災害時に被災者を支援するすべての職種、たとえば前述の救援者を含み、医療職、行政職、教職員、ボランティアなどである。
　まとめると、災害支援者とは支援を行う者、すなわち災害時に被災者を支援するすべての職種が該当する。したがって、警察官、消防士、救急救命士、自衛官、海上保安庁職員等の救援者に加えて、医療職、行政職、教職員、ボランティアなどが含まれる。さらに被災地内で活動する者だけでなく、被災地外にいる派遣元職員や支援者の家族らも広義には支援者と考えられるだろう。
　支援者支援は、支援者をサポートすることで支援者自身の困難・苦しみを和らげる。また、支援者支援を行う者は自分自身でその行為の意味を考え、時にその限界などに対峙しながら、対人援助の専門性を習得し、支援者を支援する者としての資質の向上を図る。

支援者支援の要点として、これを学習することにより、なぜ支援者支援が必要か、その必要性を理解することがある。これによって災害急性期から中・長期を見据えた支援者支援計画を被災地域とともに確立することを目指す。また、災害精神医学は災害時にのみ行われるものではなく、平時からの体制整備が重要である。このため、平時から災害精神医療・保健支援体制の整備を行い、普段から支援者支援を行えるよう準備・トレーニングを行い、災害時に備える。これによって平時の各職場での産業メンタルヘルスにも改善がみられるはずである。

　これまで災害時における支援者のこころの健康に関して十分な注意が払われてきておらず、注目されるようになってからまだ日が浅い。消防、自衛隊などのように積極的に取り組んでいる業種はまだ決して多くはない。専門の救援者はその職に就いて3ヵ月ほどで、一般の人が一生にわたって経験するストレスを経験すると指摘されているほどである。

　最近問題になっているのは、救援者だけでなく、被災地の行政職員に疲労度が高いことである。医療職、教師などもそうであるが、平時のメンタルヘルス体制が手薄な面は否めない。

　関東・東北豪雨による常総市水害、熊本地震では、災害地域の行政職員は自らも被災しながら、市民の生活再建に尽力しており、被災者と支援者の二重のストレスを受け、燃え尽きなど心身の不調をきたすことがあった。これは阪神淡路大震災、東日本大震災においても同様であったと思われる。被災地の行政職員や医療職その他多くの職種は、通常業務を行いながら、非常時対応のため、平時をはるかに超える業務量を扱うことになる。そして何よりも忘れてはならないことは、彼ら自身も被災者であるということである。災害時、消防士、警察官、自衛官、医療従事者、行政職員等は、被災者と同等あるいはそれ以上のストレスがかかることが予想され、実際に多くのストレスにさらされるが、その対策はまだ決して十分ではない。

　大多数の支援者は大規模災害に遭遇しても、過度のストレスに十分に

適応して、任務をまっとうすることが期待できるが、なかには深刻な精神医学的問題をきたす人もいることについて配慮すべきである。大規模災害の支援者がその後、うつ病、ASD、PTSD、アルコールや薬物の乱用などを発症する率は、一般の被災者よりも高いことを示した報告が数多くある。したがって、専門の支援者に対してメンタルヘルスを保てるように十分な配慮・支援が必要である。しかし、世間の目からすると、皆プロなのだから体もこころも整えられるのだろうと思われてしまう。実際は自分自身のメンタルケアや、災害時にどのような状態に自分が置かれるか、事前に教育を行っている組織はきわめて少なく、災害を想定していても、実際にどのように動くかを知らされていないのが現状である。事前に何が起こるかを知っているだけでも大きな差がある。

今後災害時に出動するDMAT隊員、消防・救急隊員、警察官などに対して、災害時に精神的に何が起こるかを知る事前教育、派遣前・派遣後のスクリーニング、組織が個人を守るシステムづくりが必要であり、その中で支援者へのスクリーニングも最適化して作成していく必要があると考える。

支援者は、被災地復興支援のキーパーソンであり、彼らが一人でも倒れるとその影響は大きく、復興遅延の原因にもなりうる。その意味において、支援者支援は被災者支援につながるといえ、重要な役割であると考える。これが、災害時支援者支援が必要な大きな理由である。

米国では緊急時総合調整システム、インシデント・コマンド・システム（Incident Command System）という、事態の展開に応じて臨機応変に変化させ、対応していくことができる危機管理対応システムがある[3]。米国で開発された、災害現場などにおける標準化されたマネジメントシステムである。このシステムは、災害でもテロでも非常事態宣言が出された場合に発動される[2]。個々の災害ごとに組織体制を話し合っていたのでは緊急時に対応ができないことが想定され、これを「All hazardアプローチ」と呼んでいる。災害精神医療においても、各災害、各所属

団体ごとに細分化することも大事であるが、このあらゆる緊急事態（All hazard）に際して、単純かつ多様な事態に対応できる対策が望ましいと考えている。支援者支援においても同様である。たとえるのであれば、「一つの型で対応する空手」のようなものである。100人の組み手がわかっても、101人目が初めての相手であったら対応できないというものではなく、基本的なコアとなる災害精神医学・支援者支援の対応に、各組織ごとの違いをつけ加えるということである。たとえば自然災害、テロなどの人為災害、感染症のアウトブレイクなどさまざまな事態にあっても、基本的なことを守って、それに災害の違いを付加していく。もちろん、そのためには各種災害のことを事前に知っておく必要がある。

　基本的なコアとは、本書で説明されている、事前に災害時に何が起こるか知っておくこと、組織・上司が個人・部下を守ること、同僚のサポート、仕事の限界を知ること、自分を俯瞰的に見ることなどがそれにあたる。加えて、各組織の特徴を当てはめていけばよい。本書では自衛隊の経験例が多いが、これは決して自衛隊だけのものではなく、一般の職場においても同じように当てはまる点がある。

まとめ

　災害時におけるメンタルヘルスは、急性期にも復興期にも重要である。被災者の中でもとくにこころの傷を負いやすい人がいる。その反面、こころには柔軟性があり、すべての人がこころの傷を負うわけではないことも知っておきたい。被災者だけでなく、それを支援する人々への支援も、被災者支援につながる。日本ではDPATが創設されて、災害精神医学の対応が徐々に進んできている。

　わが国では、災害というと自然災害への関心が高いのだが、テロや戦闘行為といった意図的に引き起こされた人的災害についても、欧米では

災害精神医学の重要な課題とされている。想定外の事態についても備えを怠らないというのが危機管理の大原則である。そして、大規模災害が生じた際の心理的ケアの対象について概説したが、緊急時の経済的・人的資源を有効に活用できるように臨機応変な態度をとることが望ましい。平時の準備が災害時の対応につながり、また災害時への準備が平時のメンタルヘルスを高める。まさに「災害は平時のために、平時は災害のために」である。

たとえきわめて強いストレスにさらされたとしても、本来、人間にはそれに屈しない力強さであるリジリエンスがある。極度のストレスにさらされると、病的な症状にばかり関心が向く傾向があるが、このような態度には慎重でなければならない。大規模災害時のこころのケアは、緊急事態の中で平時に行っているメンタルヘルス対策をいかに臨機応変に実施するかにかかっていると言えるだろう。

〔文　献〕
（1）兵庫こころのケアセンター「サイコロジカル・ファーストエイド実施の手引き」（http://www.j-hits.org/psychological/）
（2）永田高志、石井正三、長谷川学他監訳『緊急時総合調整システム Incident Command System〈ICS〉基本ガイドブック―あらゆる緊急事態〈All hazard〉に対応するために』日本医師会／東京法規出版、2014年
（3）永田高志、王子野麻代、寺谷俊康他「災害時の指揮命令系統の構築―インシデントコマンドシステム（ICS）緊急時総合調整システムの紹介」『杏林医学会雑誌』46巻、275-279頁、2015年
（4）日本集団災害医学会監修『DMAT 標準テキスト　改訂第2版』へるす出版、2015年
（5）セーブ・ザ・チルドレン・ジャパン「子どものための心理的応急処置」2016年（http://www.savechildren.or.jp/lp/pfa/）
（6）高橋晶、高橋祥友編『災害精神医学入門―災害に学び、明日に備える』金剛出版、2015年
（7）つながる.com 編『子連れ防災手帖―被災ママ812人が作った』KADOKAWA、2014年
（8）WHO「心理的応急処置（サイコロジカル・ファーストエイド）フィールド・ガイド」2011年（http://saigai-kokoro.ncnp.go.jp/pdf/who_pfa_guide.pdf）

第2章
支援者支援学とは

藤岡孝志

　「支援者支援学」という新しい学問の構築の機運が高まってきている。筆者の役割は、支援者支援学の大枠を提示し、「災害時の」支援者（救援者）への支援を中心に据えた今後の論者の議論の展開にバトンタッチをしていくことと考えている。まず、前半で、支援者支援学あるいは援助者支援学の概略を述べ、後半で、筆者が今、最も力を入れている共感疲労研究と実践の一端を紹介することとする。

支援者支援学あるいは援助者支援学

　本書では「支援者支援学」としているが、児童養護施設の職員など施設臨床の場での援助者への支援も、同様に重要である。対人支援や対人援助の立場によって、みずからをどのように呼ぶかが変わってくると考えられる。古来、支援者（援助者）は、医師、看護師、教師、臨床心理士、公認心理師、ソーシャルワーカー、保育士、介護福祉士、保護観察官、家庭裁判所調査官、弁護士等と、時代背景とともにその役割を変遷させながら、その専門性を極めてきた。また、医療・福祉・教育・司法等の臨床的な支援領域以外にも、消防士、警察官、さらには災害救助等

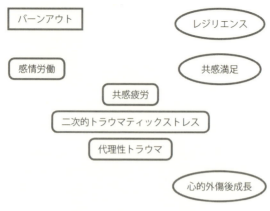

図2-1　支援者支援学の諸概念

にあたる自衛隊など、幅広い領域を覆っている。これらの支援者（援助者）への支援を総じて論議するのが、支援者支援学あるいは援助者支援学と考えている。まず、現在、支援者（援助者）支援学を構成する諸概念を概観する（図2-1）。なお、用語を統一するために、今後は支援者支援学を主として使用する。

支援者支援学を構成する諸概念

(1) バーンアウト

　支援者支援学はバーンアウト研究から始まったと言っても過言ではないだろう。1974年に、精神保健領域で活躍したフロイデンバーガーが初めてこのバーンアウト（Burnout：燃え尽き）という概念を提唱した[6]。通常は、エンジンなどが焼損したなどの意味であるが、このバーンアウトという言葉自体は、麻薬等のドラッグ常用者の状態を俗語として使っていたのを学術用語にまで高めたものである。実は『第三の男』の原作者で知られるヘンリー・グレアム・グリーン（Henry Graham Greene）が、1961年に『燃えつきた人間 A Burnt-out Case』という小説を書い

ている。当時すでにその言葉が使われていたということである。ただ、フロイデンバーガーたちが1970年代に、このバーンアウトという言葉を使って、事例を丹念に取り上げながら支援者への支援を論じていったことは画期的なことであった。同僚たちが次々と職務を遂行する中で疲弊していく状況を見て、強い問題意識をもったのである。精神保健領域に限らず、子ども家庭福祉領域に関する論文も書いており、そのまなざしは多くの現場に向けられていたことがわかる。

　フロイデンバーガーの論文を読んでいくと、この時すでに、今日でも通じるようなバーンアウト対策のことが述べられている[8]。たとえば、シフトの関係で過剰な勤務状態にならないほうがよい、職場でつらいことがあったら家に持ち帰らずに職場の中で整理をして帰るとよい、状況によっては自分の過去のさまざまなつらい出来事がフラッシュバックのように思い出されてしまう時もあるので、そのことをあらかじめ十分に想定して支援者として自分を振り返ることが大事であるなどと書いている。

　その後、1980年代に入って、すでにバーンアウトの事例研究などを行っていたマスラックが質問紙作成に乗り出し[14]、バーンアウト研究と臨床が一気に世界中へと拡がっていく。マスラックらによるMBI（Maslach Burnout Inventory：マスラックバーンアウト尺度）は、今日でも改良を重ねながら使用されてきている。マスラックらは、バーンアウトを3つの下位尺度に分けた。情緒的な消耗感、脱人格化、個人的達成感の低下である。情緒的消耗感（Emotional Exhaustion）は、疲れ切って何もする気になれないこと、脱人格化（Depersonalization）は、支援場面で、相手への気遣いがおろそかになり、人間らしくない機械的な対応になってしまっている状態、そして、個人的達成感（Personal Accomplishment）の低下は、仕事を達成したという達成感や有能感が乏しくなってしまうことを意味している。

　バーンアウト研究は、MBI等が開発されたことで、数量的な研究へ

と大きくシフトしていった。多くの論文が書かれてきており、今日も支援者支援学の中核を担っていると言っても過言ではないであろう。筆者は、2013年にマスラックに直接お会いして、彼女のバーンアウト概念の中核的なエッセンスをお聞きする機会に恵まれた。彼女が、バーンアウトに至る個人を守るために組織で何をすべきかを考えることが重要であり、その中核に据えなければならないのは、お互いに対する「敬意Respect」であり、一人ひとりの「礼節Civility」であると強調して述べていたのが印象的であった。社会心理学者ジンバルドー（Philip Zimbardo）の有名な「囚人と看守の実験」で起きていることの深刻さを察知し、そこでの課題を誰よりも早く唱え、実験が中止されるきっかけを作ったマスラックらしい言葉であった。

その後、バーンアウト研究は、対人援助職に限らず、広く会社勤めの人たちのバーンアウトへも援用され、その概念自体の敷衍化が試みられてきた。一方で、対人援助職特有のバーンアウトについての掘り下げが不十分であるとの批判も出始めているのが現状である。フロイデンバーガーらの頃の事例を丹念に追っていく臨床研究への回帰である。

(2) 二次的トラウマティックストレス

バーンアウトの研究と臨床活動が、数量的研究、および組織への支援に大きくシフトしていった1980年代から、対人援助職、とくにトラウマティックな体験をしたクライエントとかかわる支援者（援助者）における傷つき（二次的トラウマ）に向き合っていった人たちがいる。その中心となったのが米国テューレン大学のチャールズ・R・フィグリーである。

彼は、DSM-Ⅲで登場したPTSDについて、その当時から、トラウマとは波紋が拡がるように、一次、二次、三次と拡がるものであり、第一次のPTSDを被ったクライエントだけでなく、その家族、さらには、本人やその家族とかかわる支援者のことも支援の視野に入れなけれ

ばならないことを提唱した。⁽³⁾

　二次的トラウマティックストレスとは、クライエントや被支援者の傷つきを目撃したり傾聴したりすることで生じる「支援者の傷つき」であり、「ケアの代償 Cost of Caring」ともいう。たとえば、支援者としてクライエントのことを考えていると夜眠れなくなったり、相談を受けているクライエントが夢の中にまで出てきたり、休日にどこか遊びに行っていて、クライエントに似ている人に会って体が急に震えてきたり、一気に気分が変わってイライラしてきたりというような場合、二次的な傷つきが尾を引いていることになる。困難なケースを持続的に抱えていればいるほど、そういう傷つきにさらされることになる。フィグリーは、二次的トラウマティックストレス（Secondary Traumatic Stress：STS）を、「トラウマとなりうる出来事に苦しんでいる人のケアをすることから生じる自然な行動と感情」と定義している。支援者（援助者）であれば、誰でも体験することであるという点が重要である。⁽⁴⁾

　もともとフィグリーは、支援者支援の領域に最初から入ってきたのではなく、家族支援が専門であった。かつ、彼自身がヴェトナム戦争で軍人として死線をさまよった経験がある。それは、大学に進学するための奨学金獲得のための手段であった。自身もPTSD体験をし、かつ帰国後のかつての同志の状態に直面し、PTSD当事者の家族支援研究、さらに、支援者支援研究を目指すことになる。反戦運動と支援者支援学の道のどちらに進むか悩み、結果として研究者の道を彼は選んだ。フィグリー自身は、次に述べる共感疲労概念を推し進めており、この二次的トラウマティックストレスについては、かつてフィグリーのもとで学んだブライアン・ブライドが引き継ぐことになる。⁽¹⁾

(3) 共感疲労

　1990年代に入ってから、看護師であるジョインソンによって、共感疲労（Compassion Fatigue）という言葉が初めて使われた。⁽¹²⁾二次的トラ

ウマティックストレス研究を推し進めていたフィグリーは、対人支援場面における支援者支援には、むしろこの概念のほうが適切であるとして、1990年以降、共感疲労は、二次的トラウマティックストレス概念と同等に使用すると述べるようになる。フィグリーは、共感疲労を「クライエントと一緒にトラウマティックな出来事を再体験している時に生じる緊張と不安、および、無力感、混乱、支援からの孤立の感覚」と述べている。⁽⁴⁾

筆者も、支援者の対人支援技能としての「共感」が、むしろ支援者を傷つけやすくする諸刃の剣となることを考慮すると、「支援者（援助者）の宿命としての共感疲労」に、支援者はその臨床活動の中で向き合わなければならないことを強調している⁽⁹⁾。クライエントの苦悩や傷つきを自分のことのように理解し、わかろうとすればするほど、支援者の中に不安や無力感が生じ、その変化を、臨床家に起こりうる現実として受け止め、しかも、その感情と適度な距離を保ちつつ、クライエントのつらさ・きつさに寄り添うように、徹底してかかわっていく。その過程で生じるのが共感疲労である。臨床活動における専門的な行為の真骨頂であり、この共感疲労への対処が、支援者としての安定した機能の持続に大きな影響を与えることになる。だからこそ、共感疲労は少なくすればよいという単純なものではなく、支援者としてどう対処するか、どう考えるか、一人ひとりの臨床家に問われ続けるテーマである。

共感すなわちCompassionに含まれるPassionという言葉は、感情の中でも非常に激しいニュアンスをもっている。また、Fatigueも、マスラックたちが主張する（Emotional）Exhaustionとの違いが鮮明である。このFatigueという言葉は、疲労という言葉の中でもフランス語に語源があるように、特別な意味合いをもつ。19世紀から20世紀にかけてフランスで活躍したピエール・ジャネ（Pierre Janet）がこのFatigueという言葉についてくわしく書いている。彼はトラウマティックな体験が基礎にある疲労の場合にFatigueという言葉を使用しており、非常に

興味深い。すなわち、Compassion Fatigue には、支援者の傷つきを伴う疲労という意味が込められており、二次的トラウマティックストレスを包含する概念であることの理論的な裏づけになると考えられる。(8)

(4) 共感満足

　支援者支援の諸概念のうち、とくに肯定的な側面に焦点を当てたものとして、共感満足（Compassion Satisfaction）という概念がある。共感疲労とは、支援者としての業務の中で疲労感があるということであり、疲労感自体は別に悪いものではない。一所懸命頑張って支援者をやっているからこそ疲労するし、傷つくこともある。支援者はつらい仕事であるにもかかわらず、なぜそれを続けることができているのかというと、それと同じぐらいあるいはそれよりも、たとえ疲弊・疲労しても、クライエントや支援場面でかかわる人たちからいただく満足感（クライエントの笑顔が嬉しい、クライエントの生きることへの真摯な態度に触れるなど）がある。これが共感満足である。疲労感はあっても満足感がしっかりと支援者の中に生じるから、この仕事を続けることができるといえる。

　この概念は、スタムによって構築された。(16)彼女は、共感疲労を強調するフィグリーと一緒に、共感満足、共感疲労、バーンアウトの尺度を作成し、この領域の先駆的な業績をなしえた。彼女が作成した Pro-QOL 尺度は世界中で使用されているが、その作成過程が十分には明示されていないこと、Pro-QOL 尺度の中の共感疲労概念にバーンアウトの側面も含めるなど、注意深く議論をするべき点もある。ただ、共感満足という概念を構築して、支援者支援学の道筋を示したという意味で、その功績は大きい。

(5) 感情労働

　感情労働（Emotional Lavor）は、感情を労働の内容とする場合の課

題を論議する概念である。ホックシールドらが中心となって提唱した。[11]
体を使った身体的な労働、また、芸術的な活動を伴う労働、それからいわゆるデスクワークなどを強調した労働があるが、それに対して、感情を前面に出した労働というものもあるだろうということで、もともと社会学の領域から出てきたものである。初期の研究には、具体的な感情労働の例としては、旅客機の客室乗務員が多く登場する。その後、看護師の領域が、感情労働で多く登場するようになっていく。つまり、医療的な分野の中でとくに看護師は、専門的な医療的サポートだけではなく、病院での生活を患者に心地よく過ごしてもらうために、たとえば笑顔を絶やさない、言葉遣いを丁寧にしていく等、いろいろな支援者の側からの「気持ち」や「感情表現」を一つの媒介にしてかかわっていく。介護福祉士の感情労働に関する研究などもあり、支援者支援研究において重要な領域になっている。

　感情労働の理論的な側面としては、演劇論を引いて、演劇をしている役者の人たちが感情をどう表現するかをヒントにして、それを支援者、援助者の専門技能に活かしていくということがある。ただ、職場での感情表現と、自分自身の「本当の気持ち」との乖離が起きてくると、職場における不適応感が高まると指摘されており、深刻な事態に至る可能性もある。たとえば、児童養護施設職員が子どもと接する中で、自然な感情でかかわっている時には、「子どもがかわいくてしょうがない気持ち」が沸き上がっていたが、主任や寮長などに就き、その「役割」を通して子どもとかかわるようになると、子どもをかわいいと思う気持ちが乏しくなっていることに気づき、びっくりして、「役割」と「自然な感情」とのバランスを真剣に考えるようになった、などの報告があり、感情労働の妙を言いあてている。職能発達を考えると、専門職としてやっていくためにいくつもの「壁」があり、その壁を感情労働を通して見直すのも興味深いことである。

⑹ 代理性トラウマ

パールマンたちは代理性トラウマ（Vicarious Trauma）の概念を提唱している。これも非常に複雑な概念で、二次的トラウマや共感疲労にも近い概念ではあるが、あえて代理性トラウマと位置づけることの意義を主張している。相談に来た人あるいは施設や機関でかかわっている人たちの深い傷つきとその深刻な心身の状態、そして、そのトラウマの表現・表出に継続してさらされることによって、支援者自身の人生観や支援観、援助観、臨床観まで影響を受けてしまうということを代理性トラウマは強調している。Vicarious（代理の）という言葉を使っていて、代理ではあるものの、深刻な影響を受けてしまうことを意味している。

⑺ ポストトラウマティックグロース（心的外傷後成長）

心的外傷後成長（Posttraumatic Growth）は、カルホーンとテデスキーらによって構築、推進されている概念である。その定義の中での、成長に向かうための苦悩やもがき（struggles）は、トラウマティックな体験を克服する、あるいは、その体験と適度な距離をとるうえで重要であるとされる。これまでネガティブにとらえられていたトラウマに新たな意味を見出したという点において、非常に意義深い。とくに、被災地におけるトラウマ体験や、児童福祉施設での被虐待児による攻撃等、職員のトラウマ体験は、職務上受けざるをえない時もある。このような時に、これが支援者としての成長のきっかけとなるととらえることは、支援者支援の方向性を大きく左右するものとなるだろう。この点は、不登校支援において、不登校児童やその家族への「寄り添う」支援を経験することで、教師や臨床家が大きく成長するのに近いと考えられる。

⑻ リジリエンス

支援者のリジリエンスについては、クライエント、あるいは、被災者のリジリエンスへの注目とともに重要である（第5章参照）。他にも、

類似の概念として、ハーディネスやストレングス（強さ）があり、両者とも、もともとの個人の資質とともに獲得されてくるものとしてとらえている。リジリエンスは、心的弾力性、精神的回復力などさまざまな訳語があるが、最近はリジリエンス（またはレジリエンス、レジリアンス）として表記することが多くなっている。被災地における共感疲労を長年研究しているフィグリーは、被災地における支援者のリジリエンスをリジリエンス機能として五段階に分け、それぞれの段階に添った支援者への支援が重要であると指摘している。これについては、第13章でくわしく紹介する。

支援者支援における対策

　バーンアウト研究から今日まで、多くの対策が検討されてきた。一部は、バーンアウトのところですでに述べた。まず、自己チェックリストの活用がある。支援者は苦しい時ほど「助けて」と言えなくなるという「サイレンス（沈黙）反応」について、紙と鉛筆で気づきを促す方法である。また、支援者の家族の「三次的トラウマティックストレス（Tertiary Traumatic Stress：TTS）」への配慮が意外と見過ごされてきた。筆者は、そのことを強調し、支援者の家族が崩壊しないような支援を支援者に対して行うことの必要性を提唱している。ヴェトナム戦争からの退役軍人の家族と同様の状況が、支援者の家族にも起こりうるのである。

　また、仕事と私生活の切り離し（意図的な分断）は、昔から指摘されている。玄関のドアノブを開けた瞬間から、あるいは、その前の時間からプライベートモードへと変換することは、一つの工夫である。家で仕事をする場合は、意図的な分断が効を奏する。無意識的な仕事への没入が、バーンアウトのリスクを高める可能性もある。

　健康な生活への志向性、体からの回復という視点もきわめて重要であ

る。臨床動作法などを身につけて、心身の「軸」感覚を重視し、自分の体の動きづらさをこころの活動不全としてとらえて、動作を通して自己調整感や主体性感覚を回復させていくことがセルフケア、支援者支援での中核を担うと筆者は考えている。また、対人的なストレスの多い職場では、人との「つながり感覚」を家族や友人と再確認し、「支えられている体験」の保持なども重要である。合わせて、「一人になる時間」も自分を振り返るために必要である。つらい時ほど、身近な人や組織の中で支援者支援を役割として担っている人につらさを語っていく。これは、サイレンス（沈黙）反応への対処である。表現が乏しくなったら、要支援のサインと考えたほうがよい。

共感疲労から見えてくる支援者の多様性

これまでの基礎研究によるデータ分析の結果、支援者の多様性、個別性が見えてきている。支援者支援は、一人ひとりの支援者に合ったものでなければならない。筆者が作成にかかわった「援助者のための共感満足・共感疲労の自己テスト短縮版」[9]では、共感満足については「仕事仲間との関係における満足」「利用児（者）との関係の中での満足」「援助者の資質としての満足」「人生における満足」の4因子が抽出された。共感疲労に関しては「二次的トラウマとして蓄積される共感疲労」「否認感情」「PTSD様の共感疲労」「支援者（援助者）自身のトラウマ体験」の4因子が抽出された。これらから、共感疲労には、（もともとあるトラウマが再燃した）「トラウマ優位の共感疲労」と、（新たなトラウマになる可能性をもつ）「ストレス優位の共感疲労」の大きく2つがあることが示唆された[8]。

そして、共感疲労の度合いの低、中、高によって、「柳に風タイプ」（共感疲労にうまく対処して、あまり蓄積しないタイプ）、「中間タイプ」、「横綱相撲タイプ」（共感疲労を正面から引き受けて、疲労が蓄積

していくタイプ）に分けている。そして、横綱相撲タイプ（共感疲労が最も高いグループ）が、バーンアウトリスクも他のグループに比べて有意に高かった。この結果は、共感疲労とバーンアウトリスクとの関係性を示唆している[9]。ただ、横綱相撲タイプも支援者のスタイルであり、総合的に支援者としてのセルフケアや他者からの支援を受け止めることをこころがけることで、バーンアウトを防ぐことができる。また、組織、臨床現場としても、バーンアウトリスクの高い人として、より配慮しながら支援のまなざしを向けていくことが大事である。

支援者支援モニタリングシステムと支援者の機能

支援者を継続して支援する「支援者支援モニタリングシステム」も構築されつつある。畠中と筆者は、被災地支援チームが、被災地に派遣される前、派遣中、もとの職場に戻ってから1ヵ月後までを、共感疲労、共感満足、バーンアウトによって、7期に分けてモニターをした[10]。その結果、被災地に行くことで、共感疲労が行く前に比べて上昇するタイプと低下するタイプに分かれることを示唆した。そして、被災地で低下するタイプは、戻ってきてからの1ヵ月間で共感疲労が時間差で上昇することがあり、被災地での支援においては、もとの職場に戻ってきてから少なくとも1ヵ月間はフォローのための支援者支援をしなければならないことを示唆している。

また筆者は、児童養護施設における支援者支援の研究を行い、共感疲労が高くなればなるほど、養育行動におけるFR行動（脅かす／怯えた行動）が有意に増加し、共感疲労の調整が養育行動のネガティブな側面の抑制につながる可能性を示唆した[9]。

支援者の機能（ファンクショニング）を最適な状態に維持するのに、共感疲労などの状態もその人特有の最適水準に維持するのが支援者支援ではないかと筆者は考えている。

支援者支援の今後の方向性

　以上から、支援者支援学は、支援者のメンタルヘルスを良好な状態に保持するという側面を超えて、いかに支援者が、危機状況や困難場面で、適切に機能していくか、そのための留意点は何かということの探究へと踏み出しているといえる。本書を通して、「支援者支援学」が、日本を発祥の地として、その基礎研究と臨床・実践研究が広く世界へと発信していくことをこころから願っている。

〔文　献〕
（1）Bride, B.E., Robinson, M.R., Yegidis, B. et al.: Development and validation of the Secondary Traumatic Stress Scale. *Research on Social Work Practice* 14: 27-35, 2004.
（2）Calhoun, L.G., Tedeschi, R.G.（Eds.）: *Handbook of posttraumatic growth: research and practice*. Routledge, 2006.（宅香菜子、清水研監訳『心的外傷後成長ハンドブック―耐え難い体験が人の心にもたらすもの』医学書院、2014年）
（3）Figley, C.R.（Ed.）: *Compassion fatigue: coping with secondary traumatic stress disorder in those who treat the traumatized*. Brunner/Mazel, 1995.
（4）Figley, C.R.（Ed.）: *Treating compassion fatigue*. Brunner-Routledge, 2002.
（5）Figley, C.R.: Disaster relief for mental health care: developing disaster resilience.（Keynote address, 22nd Annual Seminar on Social Welfare in Asia and the Pacific Rim 2014, Japan College of Social Work）（https://docs.google.com/viewer?a=v&pid=sites&srcid=ZGVmYXVsdGRvbWFpbnxmaWdsZXlwcmVzZW50c3xneDoxMDZmOTc1Nzg3NWJlY2Y4）
（6）Freudenberger, H.J.: Staff burn-out. *Journal of Social Issues* 30: 159-165, 1974.
（7）藤岡孝志『不登校臨床の心理学』誠信書房、2005年
（8）藤岡孝志『愛着臨床と子ども虐待』ミネルヴァ書房、2008年
（9）藤岡孝志「『共感疲労の最適化水準モデル』とファンクショニング概念の構築に関する研究」『日本社会事業大学研究紀要』58巻、171-220頁、2012年（日本社会事業大学リポジトリよりダウンロード可能）
（10）Hatakenaka, Y., Fujioka,T.: Monitoring compassion fatigue and compassion satisfaction of mental health professionals in a prefectural mental health care team for eastern Japan earthquake disaster: prospective longitudinal cohort questionnaire assessment. *Journal of Social Policy and Social Work* 19: 29-43, 2015.（日本社会事業大学リポジトリよりダウンロード可能）
（11）Hochschild, A.R.: *The managed heart: commercialization of human feeling.*

University of California Press, 1983.（石川准、室伏亜希訳『管理される心——感情が商品になるとき』世界思想社、2000年）

(12) Joinson, C.: Coping with compassion fatigue. *Nursing* 22: 116, 118-119, 120, 1992.

(13) 久保真人『バーンアウトの心理学——燃え尽き症候群とは』サイエンス社、2004年

(14) Maslach, C., Jackson, S.E.: The mesurement of experienced burnout. *Journal of Occupational Behaviour* 2: 99-113, 1981.

(15) Pearlman, L.A., Saakvitne, K.W.: *Trauma and the therapist: countertransference and vicarious traumatization in psychotherapy with incest survivors*. Norton, 1995.

(16) Stamm, B.H. (Ed.) : *Secondary traumatic stress: self-care issues for clinicians, researchers, and educators. Second edition*. Sidran Press, 1999.（小西聖子、金田ユリ子監訳『二次的外傷性ストレス——臨床家、研究者、教育者のためのセルフケアの問題』誠信書房、2003年）

第3章
災害支援者支援のメンタルヘルスの原則

高橋祥友

　従来は、大規模災害時のメンタルヘルスというと、被災者のこころの健康をどのように保つかという点に主に関心が向けられてきた。たしかにこれは重要な点であるのだが、救援・支援活動にかかわる支援者のメンタルヘルスにはあまり関心が払われてこなかったというのが実状であった。専門の支援者なのだから、さまざまな問題は自力で解決できて当然だといった考えが圧倒的であった。しかし、当然のことながら、支援者の心身の健康が保たれていなければ、期待される救援・支援活動を十分に実施することは不可能である。そこで、このような役割を担う人々の健康保持が重要であることが、最近になって徐々に認識されるようになってきた。[3]

　さて、最初に断っておくが、筆者は特殊な状況における特殊なメンタルヘルス対策が存在するとは考えていない。平時にメンタルヘルス体制を整えておくことが大前提であり、大規模災害時には、日々ごく一般的に行っているメンタルヘルスの原則を臨機応変に適応することが重要である。災害時には、大きな混乱が生じ、人も、予算も、機材も不足している中で、いかに平時に実施している対策の原則を柔軟に実施するかという点にかかっている。そこで、本章ではメンタルヘルスの基本原則に

ついて取り上げる。

災害支援者支援の大原則

災害支援者支援の大原則は、以下の4点にまとめられる。(5)

(1) 正確な情報の収集

　適切な支援を実施するには、いったいどの程度の被害が生じているのか、その実態を正確に把握することが最優先される。一般にはその役割を担うのは主として地方の行政機関であるだろう。ただし、東日本大震災級の大規模災害が生じると、地方の行政機関自体が深刻な打撃を受けて、被害の現状を把握するという能力を失ってしまうことも予想される。その結果、全国から救援チームが被災地に駆けつけたものの、ある避難所には複数のチームが到着したのに、まったく救援チームが来ない避難所すらあるといった事態も起こりうる。このような場合には、一時的にでも、外部の機関がこの役割を代わって、正確な情報収集を図るシステム作りをすることも今後の大規模災害への備えとして必要だろう。

　最近では、災害派遣精神医療チーム（DPAT）のシステムが全国で構築されつつある。(2) 大規模災害が生じた際に、災害の実態を早期の段階で把握して、その情報を全国に発信し、被災地で必要とされている医療チームの派遣を全国に呼びかける。

　往々にして、大規模災害が起きると、実態がわからないまま、複数のチームがそれぞれ支援活動を開始したり、複数の支援依頼元からの情報が発信されたりして、情報が交錯して、効果的な支援の実施が難しくなる。今後はDPAT体制に一元化して、迅速で正確な情報を収集するとともに、それに基づいて被災地で必要とされている支援を迅速に開始するシステムを築くことが望ましい。

　なお、正確な情報収集は、被災の程度だけではなく、支援者一人ひと

りについても重要である。活動中に支援者の状態を正確に把握しておくことは、自身のメンタルヘルスを保つために必要である。具体的には、十分な休養や睡眠がとれているか、栄養が偏らない食事がとれているか、感情が不安定になっていないか、不安や焦燥感にとらわれていないか、さまざまな身体的不調はないか、支援活動の際に判断のミスなどがないか、といった点に注意を払う。これは支援者の自己認識ばかりでなく、ともに活動している同僚の心身の変化についても気を配るようにしてほしい。

(2) 適切な休養

　大規模災害が生じた場合、数日間でその対策が終了するという事態ばかりではない。数ヵ月、数年の単位で対処しなければならない事態も起こる。そのような状況では、中・長期的な対策が必要となる。

　わが国では、大規模災害が生じると、責任の重い人ほど、不眠不休で事態に対処しようとする傾向が認められる。このような強い責任感と献身的な態度は尊敬に値するのだが、これでは、身体的・心理的な疲弊をきたしかねない。場合によっては、心筋梗塞や脳血管障害発症の危険すら招く。また、心身の異常ばかりでなく、重大な判断の過ちを犯す危険さえ生じかねない。限られた人員であるという制限の中でも、適切な休養をとることができる体制を当初から計画すべきである。

　米国には連邦緊急事態管理庁（Federal Emergency Management Agency：FEMA）という組織があり、複数の州にわたる大規模災害が生じた際には、各機関の調整や指揮監督に当たる。FEMAでは、午前7時～午後7時と午後7時～（翌朝）午前7時の2つのシフトに分けて、職員がそのシフトを超えて活動することがないようにする体制をとっていると聞いたことがある。これは職員の燃え尽きを予防するための重要な対策である。このような原則はわが国の組織においても見習うべきだろう。

筆者はニューヨーク在住のインド人の内科医から次のような話を聞いた。この人は神戸生まれで、日本で育ち、日本の大学の医学部を卒業し、現在はニューヨークで内科医として働いている。東日本大震災のニュースを聞き、東北の被災地に救援に駆けつけた。その際に、日本の某医療チームに加わったのだが、その責任者から「1日の活動時間は12時間まで、連続7日間働いたら、被災地を離れて、自宅に戻るように」と指示されたという。この医師は「私はまだ若いから、1日12時間以上働けるし、連続して2週間でも、3週間でも働ける」「私の自宅はニューヨークなので、帰宅したら、また日本の被災地にやってくることはできない」と訴えたが、責任者の指示は変わらなかった。この医師も後に振り返ってみて、この責任者の指示が妥当であったと思うと話していた。

　なお、災害が生じて、支援者自身も被災している場合などには特別な配慮が必要になってくる。自宅が被災して、支援者の家族も避難所に避難しているような場合、支援者が自宅で休養をとることができないといった事態が生じる。ある災害で、市の職員の自宅が被災したため、家族とともに避難所の一角で生活していた。久しぶりに休息の時間がとれたので、その職員が避難所の家族のもとに戻って休んでいたところ、他の被災者から「市の職員がこんなところで休んでいる暇があるのか」と非難されたというのだ。

　支援者が安心して休養することができる場所というのは絶対に必要である。災害対策本部などの中にも、人目につかない場所で安心して休養できる場所を用意しておくといった工夫も忘れてはならない。

(3) 早期の問題認識

　(3)(4)はともに平時においてもメンタルヘルス保持のために重要な点である。大規模災害時にどのような心理的な問題が生じる可能性があるかについてあらかじめ教育しておき、早期の段階で問題に気づくことができるようにしておく。ASD（急性ストレス障害）、PTSD（心的外傷後

ストレス障害)、うつ病、アルコールや薬物の乱用、さまざまな身体的不調などが、大規模災害を経験した人に起こる可能性がある。したがって、日頃から、過度のストレスを経験した際に起こりうる問題について基礎知識を備えておく必要がある。

専門の支援者は、日常生活のストレスをはるかに超えた過酷な状況で活動する。したがって、何らかの心理的問題が生じても不思議はない。そのような問題に早期に気づくことが重要で、それに気づいたら、決して一人で抱えこんではならないことを強調しておく。

(4) 適切な援助希求

問題に気づいたら、早期に適切な援助を求める姿勢を強調する。21世紀の現代でも、こころの問題に気づいても、助けを求めるのは恥ずかしいといった態度が強い。とくに、専門の支援者はたとえ何らかの問題に気づいても、自力で解決すべきだ、弱音は吐けないといった態度をとりがちである。

大規模災害のように強いストレスに襲われた場合には、誰にでも何らかの問題が生じる可能性があり、助けを求めるのが恥ずかしいどころか、むしろ適切な対処行動である点を強調しておく。

(3)早期の問題認識と(4)適切な援助希求は、メンタルヘルス保持の大原則である（そして、とくに専門の支援者ほど、(4)適切な援助希求という態度に出るのを躊躇する傾向が強い点に注意を払うべきである。有能な支援者とは、問題を一切抱えていない支援者ではなく、問題に早い段階で気づいて、適切な対処ができる支援者であるのだ。支援者自身が燃え尽きてしまっては、本来期待されている活動が実施できないことを、支援者自身が自覚すべきである）。

以上、メンタルヘルスの基本原則についてまとめた。なお、緊急事態を経験して、負の側面ばかりが強調される傾向があるが、人間のもつ健

康で力強い側面に注目することも重要である。リジリエンスという概念が注目されている(1)。これは、大規模災害のために身近な人が死亡したり、自分も死の危険を経験したりしても、心身両面の機能を比較的安定させて、健康なレベルを保つことができる能力と定義される。このような点から回復の鍵を探っていく必要もある。

最近では、大規模災害後にPTSDが起きるという点が過度に強調される傾向がある。日常で経験するよりもはるかに強いストレスにさらされて、この種のこころの病をきたす人がいるというのは事実ではあるが、多くの人々は悲惨な体験をしたにもかかわらず、こころの平穏を保ち、これからの生活の再建に前向きに取り組むことができるという点を忘れてはならない。この点への配慮を怠ると、（たとえ善意からではあれ）不要な支援活動を始めてしまうといった、予想外の副作用をもたらしてしまう可能性さえある。

配慮が必要ないくつかの点

支援者のメンタルヘルス保持のために配慮しておかなければならない、その他のいくつかの点についても触れておこう。

(1) ハイリスクの支援者

大規模災害時の支援活動は極度のストレス下における活動が予想されるので、派遣に際して、十分なスクリーニングを実施して、活動によって心身の問題をきたす可能性の高い人は派遣から外すといったことも必要になる。ただし、あまりにも大規模な災害が突然生じると、ハイリスクの人をスクリーニングするだけの時間的な余裕がなく、部隊全員を被災地に派遣するといったことも十分に想定される。

そのような場合には、次のようなハイリスクの人に対する配慮を忘れずに、支援活動に当たってほしい。年齢からみると、若くて、災害支援

についての十分な経験のない人が、活動後にさまざまな問題をきたす率が高い（PTSDのハイリスク群）。さらに、これまでに精神科既往歴があったり治療中だったりする人も、支援活動のストレスがきっかけになって、その後、何らかの問題をきたす危険が高まると報告されている。また、専門の支援者の中には、自身も被災者でありながら、支援活動に当たらなければならないといった人も出てくるが、このような人の心身の健康度は、被災していない支援者よりも低くなることが当然予想される。

大規模災害時の支援活動に当たっている人の中に、このようなハイリスクとされる人が含まれている場合には、とくに配慮しながら活動を続けて、活動終了後も慎重にフォローアップする必要がある。

(2) 被災者の怒り

さて、これまでは十分な注意が払われてこなかったのだが、現実の問題として起こりうる問題を指摘しておきたい。それは、支援者が被災者から怒りをぶつけられることがあるということである。大規模災害が生じて、全国から多くの支援者が被災地に駆けつける。ほとんどの場合は、支援者は感謝で迎えられる。しかし、支援者が被災者から受けるのが、感謝や支持の言葉だけでないという現実についても、支援者は承知しておく必要があるだろう。

とくに災害が大規模で、長期にわたり、被災者が疲弊してきて、国、県、市町村などの対策に不満が募ってくると、予想外の怒りが目の前にいる支援者にぶつけられることがある。

たとえば、東日本大震災の際に、約10万人の自衛官が被災地の救援活動に派遣されたのだが、支持と感謝の言葉に迎えられたばかりではなかった。発災直後は、まず一人でも多くの生命を救うために自衛官はいち早く被災地に派遣された。その自衛官たちに、「水や食料はありませんか？」と尋ねてきた被災者がいたという。当初の任務は救命であって、

食料や水の運搬は後続部隊の役割であることを告げると、被災者から「手ぶらで来たのか？」「手土産くらい持ってくるものだろう」との言葉が投げかけられたというのだ。自衛官は被災者の言葉に耐えて、与えられた任務を黙々とまっとうした。

筆者も次のような話を聞いたことがある。阪神淡路大震災の災害派遣の際に、1日の活動が終わり、自衛官がテントで缶詰の夕食をとっていた。そこに被災者がやってきて、自衛官たちが缶詰の赤飯を食べているのを見て、「俺たちが大地震にあったのがそんなにめでたいのか」と嫌味を言われたという。説明の必要もないだろうが、缶詰の赤飯はカロリーが高く、腹持ちもするので、自衛官が演習や災害派遣の時によく利用する食料であり、それ以外の特別な意味などはもちろんない。

大規模災害が起きると、その直後は被災者の団結力は強まる。非常時だからこそ、皆が一致協力して困難な状況を乗り越えようという雰囲気が生じる。しかし、時間が経つにつれて、被災者の疲れも蓄積してくる。そして、生活再建への現実の不安も増していく。ところが、国や県などの対策が被災者の期待ほど進まず、それに対する不満も募っていく。こういった不満が、とくに被災者の目の前で支援活動に当たっている市町村の職員などにぶつけられることがある。それが積み重なっていくと、職員の燃え尽き症候群やうつ病につながりかねない。

被災者からはさまざまな訴えが出てくる。妥当な要望もあれば、すぐにはとても対応できないような訴えまである。

「（避難所には）にぎり飯や菓子パンばかりだ。野菜を持ってこい」
「温かい食事を用意しろ」
「避難所で隣の人のいびきがひどくて、眠れない」
「隣町は被災していないのだから、そこのホテルを全部借り上げろ。体育館で何日も眠っている身にもなってみろ」
「私は晩酌が習慣だった。酒を買って、避難所に持ってこい」
「また避難所を移らなければならないのか？　その理由を丁寧に説明

しろ。若造の指図は受けない。市長を出せ」
「おまえたちの給料は私たちの税金から出ていることを忘れるな。休憩している暇があったら、働け」

これらはある災害時に被災者から、その市の職員に向けられた言葉のごく一部である。活字に書き出すと、その雰囲気が十分に伝わらないかもしれないが、被災者の言葉は怒気に満ち、職員を罵倒するように響いた。傍にいた筆者も、「そこまで言わなくても」という言葉が出かかったほどである。

怒りをどのようにコントロールするかの第一歩は、その怒りが自分自身に個人的に向けられたものではなく、言葉を発している人が余裕を失っているという現実を反映しているのだと冷静に受け止めることである。それに成功すれば、怒りのもたらす衝撃をかなりの程度減らすことができる。

要するに、自分に向けられたと思われる怒りにただちに反応するのではなく、少しだけでも時間を稼いで、反応を遅らせることを試みる。これにはいくつもの方法があるので、自分に向いているものを平素から練習しておくとよいだろう（筆者が災害時のメンタルヘルスについて講演や研修を行う時に、参加者が被災者から怒りをぶつけられるというロールプレイを課すことにしているほどである）。

まとめ

本章では、支援者のメンタルヘルスの基本原則について解説した。平時からメンタルヘルスの態勢を整えておくことが重要であり、大規模災害が生じて初めてその用意をしようとしても、貴重な時間が失われてしまいかねない。日頃から行っているメンタルヘルス活動を、緊急時においても、臨機応変に展開していくことが大原則となる。その前提となるのが、(1)正確な情報の収集、(2)適切な休養（シフト）、(3)早期の問題認

識、(4)適切な援助希求、とまとめることができるだろう。

　また、疲弊してきた被災者から、支援者に対して予想外の、怒りの言葉がぶつけられることがあるのも現実である。このような事態も予想しながら、支援活動に当たる必要がある。

〔文　献〕
　（1）ジョージ・A・ボナーノ（高橋祥友監訳）『リジリエンス—喪失と悲嘆についての新たな視点』金剛出版、2013年
　（2）厚生労働省委託事業DPAT事務局（http://www.dpat.jp/）
　（3）フレデリック・J・スタッダード・Jr.、アナンド・パーンディヤ、クレイグ・L・カッツ編著（富田博秋、高橋祥友、丹羽真一監訳）『災害精神医学』星和書店、2015年
　（4）杉山隆男『兵士は起つ—自衛隊史上最大の作戦』新潮社、2013年
　（5）髙橋晶、高橋祥友編『災害精神医学入門—災害に学び、明日に備える』金剛出版、2015年

第4章
極度のストレス下で起こりうる反応

高橋 晶

極度のストレス下とは

　災害時には支援者がかかわる現場において、さまざまなストレス状況がありうる。たとえば、自衛隊員が活動の中で命の危険性がある現地に派遣されること、警察官が凄惨な事件の現場で対応すること、消防士が命の危険性の高い災害現場で決死の消火活動にあたること、救命救急士が悲惨な大規模災害で活動すること、医療者がリスクの高い緊急疾患の対応をしたり、時に患者から暴力を受けたりすること、都道府県市町村の行政職員が大規模災害時に矢面に立って、自分自身も被災し、住民からバッシングを受けながら対応をすること、ボランティアで入ったダイバーが災害後の捜索で遺体を見つけること、ボランティアの人が災害支援をしていてこころないことを言われることなど、さまざまなストレスが支援者には起こりうる。それは予測できる事象もあるし、予測できないこともある。

　そのストレスは客観的に推し量れる要素であるが、それを受ける側の脆弱性によるところもあるので、一概にどれくらい激しいストレスか、

ストレスの絶対値を測定することは困難であることが多い。普段から、起こりうる事態に対して訓練をしている職種であれば、凄惨な場面でも、プロフェッショナルとして乗り越えることができるが、災害時にはそのようなトレーニング・準備なしに極度のストレス下に対応せざるをえないこともあり、経験が浅い職種・職員であれば予想以上の痛手を被ることも少なくない。

ストレス下で支援者に起こること

どんな人も支援者になる可能性があり、職業として支援者になっている人もいれば、災害時の支援で人知れず支援者になっていることも少なくない。支援とは人にサポートをすることであるが、前述のようにさまざまな支援がある。

支援者が前述のストレス下において、最良の支援を失敗することなく行えることが重要である。支援の精度を上げて、より効率のよい支援活動を行うことで、支援対象者のメリットになることが大切であると考える。

また、組織として支援する場合は、ラインケアなどの上司、同僚からのケアを受け、組織全体の支援のパフォーマンスを上げることが重要である。支援への高い意欲や、自身のコンディションを保つことが求められる。支援においては失敗できない環境も多く存在する。その緊張の中で、最良の結果を安定して出すことが求められる。失敗せず、よい支援のバランスを考えることは、車の運転で、安全に山道のカーブをいくつも曲がり続け、淡々と目的地にたどり着くことにたとえられる。前日にきちんと寝ておくこと、車の整備をしておくこと、集中力を高めるよう運転席周辺に余計なものを置かないこと、山道ではスリップすることがあるなど事前に山道の運転技術を知っておくことといった事前の準備、運転時には適切な速度を保ち、感情的にならずに、車と自分の一体感を

もって運転することが重要である。これはそのまま支援者の準備、支援時のコンディション作りといえる。十分な準備をしていても、対向車が飛び出してきたり、路面が凍っていたり、木が倒れているなどの予測の範疇を超えたアクシデントが生じることもある。こういったことにも対応できる余裕が必要である。

その意味で支援者支援の中では、事前に何が起こるか知っておくことが必要である。時に、災害の現場では、想定外のことが起きうるし、被災者の行き場のない怒りが支援者に向けられることが少なくない。多くの人の激しい怒りを向けられて、精神的に疲労してしまうこともある。

第2章で取り上げられた共感疲労のように、自分がどのような状態であるかをモニターし、よりよい状態に維持することや、支援によって傷ついてしまい、最良の支援ができない状態と判断される場合は、休息の必要性を自分自身でモニターし、またはラインケアで上司が、その部下の状態を認識して対応することが求められる。

「こころのタコメーター」とでもいうべき、自分のこころの回転速度計がきちんと動いているか、回転数が適切に上がっているか、上がりすぎていないかを把握する。場合によっては、バディといわれる協働する相手と、お互いの状態をチェックし合うことも重要である。自分でわかっていても上司に言えないこともあるので、第三者のほうが客観的に理解している場合もある。

支援を職務とする警察、消防、自衛隊等の支援者は、基本的には心身ともに「強い」人が求められる。それ以外の職種でも、その傾向は強い。そのような環境では、なかなか自分が弱っているとは言えないことも多い。中にはこれらの職種を定年退職して初めて、精神科や心療内科の門をたたく人もいると聞く。ストレスが高くても、裁量権がある職場で、自分の判断で仕事ができるところでは比較的ストレスに強いということもある。

個人の脆弱性の問題もある。ストレス耐性には個人差があって、どう

してもこれができないとか、自分の不得意なものがある。社会の中ではある程度適応していかなければならないが、そこに自分自身や家族が病気になることや、介護、突然の借金、人間関係の悪化などのプライベートな問題や、昇進、結婚などのライフイベントが重なり、同時にいくつもの問題を処理しなければならなくなると、一つの問題であれば対処できる人でも、処理能力を超えてしまい、適応できなくなることがある。時に抑うつ状態になり、不眠になり、そのまま風邪のようにこじらせてしまうと、うつ病になってしまうこともある。普段であればまったくそのようなことに縁のない人でも、問題が重なるとその可能性はある。

　こころの防御因子が機能している時は、高い防御力でこころの病を防げるが、防御因子の働きが弱まった状態では防げないこともある。不眠不休で働いた後に風邪を引くのと同じで、ぽっかりとこころに穴が開いてしまうこともある。

　普段から、こころの栄養になるような、良好な人間関係を築き、何かあった時に頼れる家族などの愛着対象を維持し、睡眠を適度にとり、脳に対して悪影響にならないように、過度の飲酒をせず、偏った食事をしないでいることは、ある意味、脳、そしてこころの防御因子を強化していることになる。その意味では、スポーツジムで体を鍛えることと同じように、「こころを鍛える」「こころのメンテナンス」も必要であると考える。多くの支援者は無意識にこれを行って自分の「こころのメンテナンス」をしている。自分自身がどのような状態の時にこころの具合が悪くなるか、自分の特徴を知っておくことも大事である。家電製品にはしっかりとした説明書が付属している。それを読む・読まないは各自の自由であるが、各自のこころのあり方にもマニュアルがあるはずである。

　皆、自分自身で気づいていることがある。酒を飲むと実は調子が悪くなるとか、睡眠不足が一番調子を下げるとか、体重が増えてくると気が滅入る、といったことがあるはずである。

　「こころのメンテナンス」には意外とお金と意識が行っていないこと

もある。たまにぼーっとしたり、本を読んだり、体を動かすなどの、自分にフィットしたこころの調整法を選び、自分のこころのマニュアルをそっと開いて、自分自身に問いかけてみるとよい。また自分の考え方の「くせ」、傾向に気づくことも面白い。意外と人のことを気にする、物事を悪いほうに考えやすい、といったことがあるはずである。筆者も、水泳で目をつぶって泳ぐようにコーチに言われたことがある。すると見事に右に曲がっていくが、本人は気づいていない。このような「くせ」が体にあり、こころにも同じように「くせ」があることを自分自身で認識していく。

極度のストレス下で起こる反応

　極度のストレス下で起こりうる反応としては、精神的な反応、精神障害があり、そのうちいくつかを紹介したい。

　極度のストレスの一つに大規模災害がある。これに伴い、さまざまな環境変化が生じ、精神障害を発症する可能性がある。もともと脆弱性がある人は、惨事を目の前にして、強い不安、恐怖など感情の変化をきたすことも少なくない。精神障害をもつ人は、さまざまな変化に対応できず、また日常使用している薬剤の供給がないために、精神状態が悪化することがある。避難所などのプライバシーが保たれない環境ではとくに、精神面が不安定になることがありうる。また、急性期には問題がなかった人が、ある程度見通しがついた慢性期、回復期に精神的に不調をきたすこともある。被災者でありながら支援している支援者も多い。

　支援者において、ストレス下に起こる精神的な動揺や、不安になること、心身の症状の多くは、自分自身のこころを守ろうとする、誰にでも起こる正常な反応であると考えられる。大部分の支援者は、上司、同僚、家族、友人などの身近な人の援助、また自分自身の対処行動により回復することが多い。ただ、何度か同じストレスでうまく対応できなか

った経験や、準備がない状態での強いストレス、または同時多発的に出現するストレス、強いストレスが継続する状況、暴行の被害で加害者が身近にいる場合など、恐怖の対象が継続して存在していると、反応は長く続いたり、時に精神障害を発症したりすることもある。

　反応は一過性のものもあれば、継続して精神障害に発展する場合もある。自分自身では、普段と違う自分に気づくこと、また、普段どおりの状態ではないことを認識し、上司、同僚、家族、友人に適切に助けを求められるとよい。しかし、時に精神的不調が強いと正常な判断ができなくなるので、周りの人が行動面から普段と違うことに気づき、適切な専門職に「つなぐ」「つないでもらう」ことが重要である。

　災害時にはこれから述べる疾患以外にもさまざまな精神障害を発症する可能性があり、むしろすべての精神障害が対象となると言っても過言ではない。本章では、その中でも代表的な反応・精神障害について述べる。

(1) 心的外傷後ストレス反応、急性ストレス障害、心的外傷後ストレス障害
①心的外傷後ストレス反応
　心的外傷後ストレス反応は、極度のストレス下では一時的にはどんな人にも生じうる正常な反応である。以下のような反応が特徴である。
(a)再体験（侵入）症状
　再体験症状は、自身が体験した不快な場面の記憶が、画像や動画のように突然思い出されたり、悪夢のように繰り返されることである。テレビで関連するニュースが流れるなど、何らかのきっかけでつらい体験を思い出し、その時の不安や恐怖の感情が現れ、動悸や冷汗などの身体的な反応も出ることがある。突然、つらい過去の経験が目の前で起こっているかのように再現され（フラッシュバック）、大きな苦痛を伴う。また、その体験がいつ再現されるかわからない不安もある。
　例としては、災害現場で目にした遺体の像が記憶から離れず、夢の中

にもその映像が出てきて、恐怖で飛び起きるなどが挙げられる。

(b)回避・麻痺症状

自分が体験したつらかったことに対して、考えたり、話したりすることを避けようとする。また、その時の感情が変動すると不快になるので、思い出してしまう場所や関係する物事を極力避けようとする。以前楽しんでいた趣味や普段の活動に興味や関心がなくなることもある。気持ちが麻痺したようになり、こころがこれ以上傷つかないようにする自己防御反応と考えられる。他者からの愛情や幸福感などのポジティブな感情をもちにくくなることもある。また、他者との交際を避け、引きこもり、生活範囲は極端に狭くなる。

支援者支援では、つらい体験をした場所に近づくことができなくなり、勤務に支障をきたすことがある。また、本来は悲しくてつらい体験を吐露したいし、泣きたい気持ちもあるのに、こころが麻痺してしまったような状態で、泣きたくても泣けないことなどがある。

(c)過覚醒症状

今まで問題なかった場所や事柄に過剰に敏感になり、警戒し、物音に過剰に驚くことがある。安心感・安全感が失われるので、寝つきが悪い、寝てもすぐに目が醒める、イライラするなどの緊張が高い状態が継続することがある。また、普段穏やかな人が怒りっぽくなったり、仕事を含めて物事に集中できなかったりする。この状態が継続すると、日常生活が行われなくなったり、人間関係が壊れたりすることもある。

支援者支援では、つらい体験をして、緊張が長期間継続していたため、今までであれば気にもしなかったささいなことにイライラしたり、安全なところに戻ってきたにもかかわらず、まるで被災地にいるような緊張の強い状態で、些細な音に敏感になることなどがある。

②急性ストレス障害（Acute stress disorder：ASD）

ASDは、危うく死にかける、もしくは重症を負うような外傷的な体験の後に、悪夢やフラッシュバックなどの上記の症状が出現する精神障

害である。次に述べるPTSDとASDは、症状はお互いに似通っているが、症状の出現する時期と、その持続する期間の違いにより区別される。1ヵ月以内に上記の反応があり、症状がきわめて重い場合にASD、1ヵ月以上続く時にはPTSDと診断される(1)。

災害直後には、その後1ヵ月以内においてASD発症の可能性は高い。災害という命にかかわる異常事態において、直後に恐怖、無力感、過覚醒などの状態になることは、きわめて当たり前の正常の反応である。すべての例を病的であると判断することなく、注意深く観察し、置かれている環境、サポートしてくれる人的資源などを考慮して、適切な診断をすることが必要である。日常生活を行うことが困難な場合や患者自身の状況に応じて配慮する。また、ASDが寛解しPTSDに移行しない例もあれば、PTSDに移行する例もあるので、その後6ヵ月間は経過観察したい。

③心的外傷後ストレス障害（Posttraumatic stress disorder：PTSD）

PTSDは、危うく死にかける、もしくは重症を負うような外傷的な体験の後に、悪夢やフラッシュバックなどの上記の症状が出現する精神障害である(1)。前述のASDとは発症時期、罹病期間が違う。一般に、PTSDは外傷後3ヵ月以内に発症するが、外傷後何年も経ってから発症することもありうる。

PTSDと災害はここまでで述べてきたように関連が深い。もちろんすべての被災者がPTSDになることはなく、多くは各自がもつリジリエンスにより、力強く適応し、回復していく。しかし、中にはもともとトラウマを抱えているなどの脆弱性をもつ人などが不幸にしてPTSDを発症してしまうこともある。まずは安全な環境に身を置き、自然経過を見る。それでも改善しない場合、もしくは早期に援助が必要な場合には、介入を試みる。

多くの被災者がPTSD様の症状をもっていても、それを周りに表出することは少ないことが考えられる。すなわち、震災後、ある程度落ち

着いてから話を聞くと、震災後のあの時の状況はつらかったと話され、状況を伺うと、まさにPTSDの状態であったが、結局精神科や心療内科を受診することはなかったと聞くことがある。その際、周りからのよいサポートがあったからなんとか自然寛解できたのだと納得できるエピソードを耳にする。

その一方、PTSDになり、自身でコントロールできなくなってしまった場合は、本人の困り具合を聞き、受診を促すことも重要である。

PTSDと診断される率は、トラウマを経験した1ヵ月後に30％、3ヵ月後には10％などと一般的には指摘されているが、9・11米国同時多発テロ事件の際の救援者の長期フォローアップによると、従来指摘されてきたよりもPTSDの率は低いといった報告も最近では出始めている。

(2) 抑うつ反応、うつ病、双極性障害

つらい体験が継続的にあると、気分が落ち込むことがある。自分で解決できればよいが、自分で解決できず、気分が落ち込み、今までもっていた興味や関心の低下、睡眠障害、食欲が落ちること、気力が減退するなどの反応、症状が出ることがある。これが一日中、ほぼ毎日、少なくとも2週間以上持続する場合はうつ病の可能性がある。うつ病はどんな人でもかかりうる精神障害といえる。病因は多くの説があるが、いまだ明らかでない。

うつ病は気分の問題だけでなく、身体症状が前面に出現することもあり、食欲低下、倦怠感などにも注意したい。当初は身体的な訴えで内科など精神科以外の科を受診することが多いといわれる。再発が多い疾患なので、経過として初発か、再発かといった治療歴に注意する。

とくに災害時には、被災者は家族や友人など愛着対象の喪失、物質的な喪失、それに伴う金銭的な負担、社会的・経済的基盤が失われるなど、同時期に多くの喪失を体験する。地元で被災しながら活動している支援者は、大きな喪失や悲嘆を体験していることがあるため、うつ病に

は注意が必要である。また、復興の長期化に伴い、先が見えないことに自分で人生をコントロールできない不全感を抱いたり、病気の発症と同様に、なぜこのような被害にあわなければならないのかと自分の身に降りかかったことを憂いたりする。災害から復興が見えてきて、支援者としてほっとしたとたんに、張りつめていた緊張から解かれ、うつ病になった方もいると聞く[5]。災害直後から急性期、そして慢性期まで起こる可能性がある。

さらに、うつ病と考えていたところ、経過を追っていくと、躁・軽躁状態が出現し、双極性障害（躁うつ病）の可能性を考慮する必要が生じるケースもある。

双極性障害は、躁状態とうつ状態という2種類の病相を繰り返す精神障害である。これらの病相が1回で終わることは少なく、多くの場合再発するため、継続加療を行う。

災害によって双極性障害が悪化するという報告もある。人生の大きな岐路に立つライフイベント時に精神的に不安定になることがよく知られているように、たとえば葬式の時や災害時に躁状態になることなどがある。災害時は、身内を探しに不眠不休で移動することなどがあり、またある程度見通しがつくまで、過剰な労働を強いられたり、休みを取れなかったりする。このように過度の継続的な労働、不眠などが続く環境は、もともと双極性障害の脆弱性がある人では発症しやすい基盤になりうる。また双極性障害の治療をしている人が、薬剤を服用できなくなることで悪化することもある。

(3) 遷延性悲嘆障害

遷延性悲嘆障害（Prolonged grief disorder：PGD）は愛する人の喪失に対する特徴的な反応である。PGDの基準を満たしていると判断するためには、PGDの特徴的な症状（感情、思考、行動）が少なくとも6ヵ月以上継続し、著しい機能の障害を伴っていることが認められなく

てはならない。⁽³⁾

　PGD は大事な人の喪失において起こる精神障害である。支援者の中には、当然本人も被災者であり、このような体験をする人は存在する。この障害の概念を知っておくことも支援の観点では重要である。

　このような概念には、死別関連（適応）障害、複雑性悲嘆など、いくつかの呼称と診断基準が提唱されている。複雑性悲嘆とは「その文化において通常予期される範囲よりも、悲嘆に関連する症状の強度と持続時間が過度であり、それによって実質的な生活の支障をきたしている状態」であると定義される。疾患群によって差はあるが、複雑性悲嘆が治療介入を要する状態（精神障害）であるということについては、おおむねコンセンサスが得られたものの、診断基準の確定にあたっては今後の研究や検討を要する段階にある。

　悲嘆という言葉は、「悲しみ」「嘆く」という2つの言葉から成り立ち、悲しみと、ともに悲しみを共有し、それを表現する場として人が集い、故人を思い出し、嘆き、新しい生活に適応して、悲嘆が徐々に和らいでいくというプロセスがある。しかし中には、何らかの理由で、この悲しみが収まらず、日々の生活に支障をきたすことがあり、これを複雑性悲嘆と呼ぶ。日本での調査研究は、死別を経験した2.4％くらいの人がこのような状態にあると報告されている。支援者も、当然このような大切な人との死別を体験する。しかも、その頻度は一般に比べて高いと考える。

　葬儀を終えて数年経つけれども葬儀の時と変わらない悲しみがある、故人への思いが強すぎるために生活が立ち行かないというような状態は、複雑性悲嘆である可能性がある。うつや自殺念慮などの心理面や、高血圧・心疾患などの身体面に影響することがあるため、回復には適切な支援が必要である。故人への思いが毎日続いている、死に対する感情が強すぎる、または麻痺している、それを避けたい思いが強い、これらのことが理由で社会生活や仕事に支障をきたしている、文化的に許容さ

れる悲嘆の範囲を超えているなどが症状と考えられている。

　複雑性悲嘆については研究が行われ、心理社会的なケアが必要な状態と考えられるようになった。また、複雑性悲嘆は抑うつやPTSDの症状とは明確に区別されること、複雑性悲嘆の人に特有の脳の機能変化がみられる可能性があることから、複雑性悲嘆に焦点を当てた心理療法によって緩和できるようになった。

　支援者が大切な存在を失い、悲嘆を経験することはごく自然なことであり、悲嘆の反応が出ることは決してめずらしいことではない。しかし、あまりにつらい状況が続いている場合は、精神医療や心理の専門家に相談することも重要である。

(4)　**アルコール関連の精神障害**

　災害時のストレスを減らそうとして、アルコールを飲んでしまうことがある。この結果、アルコールに伴うさまざまな問題が起こる。アルコール関連の精神障害の中には乱用と依存がある。乱用は、その物質を社会一般的に許容される範囲から逸脱した目的や方法で自らの意思で使用することをいう。依存は、自分でコントロールできずにやめたくてもやめられない状態をいう。

　アルコール離脱は、アルコールを普段飲用していた人が急に飲酒量を減らすことによって生じる身体的・精神的な変化をいう。

　アルコール依存症は、アルコールを繰り返し摂取することにより、身体的・精神的な影響が生じる脳疾患であり、精神への影響だけでなく、社会・身体への影響も相互にかかわる疾患である。

　災害時には、今までの社会生活の基盤を失うことがある。東日本大震災の例を挙げると、震災後、漁ができなくなった漁師やその関連職種は、普段仕事終わりに夜飲酒することを習慣にしていたが、日中にすることがなくなり、気晴らし、不眠への対処として昼間から飲酒するようになってしまった。それが習慣になり、朝から飲んで、寝て起きてまた

飲酒する、という状態から、持続酩酊状態になり、アルコール依存症が形成されることがあった。また、もともとアルコール依存症であったが、今までは家の中だけの問題で、家の外まで問題が表面化されていなかったのが、避難所での生活で露呈してしまうというケースがあった。避難所に、激励のために酒が送られることも多くあった。「こんなひどいことばかりでは、飲酒でもしていないととても正気ではいられないだろう」という親切心からの行為であることが多く、日本の文化ではお歳暮などで酒を送る風習もあるので、贈る側は問題があるとは考えていなかった。このため、酒を送らないように啓発する団体もあった。

　急性の中毒や離脱症状も起こることがある。とくに離脱は避難所などでアルコールが手に入らない場合に結果として断酒となり、断酒から1、2日で発症することがある。倦怠感、嘔気、自律神経の亢進症状、気分の不安定さ、不眠、一過性の幻覚、錯覚、けいれん発作などが起きることがある。このため、避難先で発症し、本人・家族・避難先の住民が対応に苦慮することがあった。

　アルコール関連の精神障害は、災害後の初期から中・長期まで大きな影響をもたらすため注意が必要である。最近は、被災県でアルコールに関する教育講演、介入が増えてきている。

(5) **統合失調症**

　統合失調症は人口の約1％に発症し、若年発症する、治療が長期間必要な精神障害である。しかし、統合失調症に対して理解が乏しい人も多いので、患者も家族も十分な治療を受けられず、症状が悪化してようやく受診する例も少なくない。主な症状として、幻覚、妄想、支離滅裂、精神運動興奮、奇妙な思考などの陽性症状と、感情の平板化、感情鈍麻、社会的なひきこもりなどの陰性症状などが特徴的である。社会生活、対人関係において重篤な障害をきたすため、精神科的な対応が必要な疾患群である。

災害時には、他の障害と同様に既往に統合失調症がある場合、薬剤の供給がなくなることによる悪化が懸念される。薬を飲まなくなる退薬に伴って、症状が悪化し、幻覚、妄想が再燃することや、もともと対人交流が不得手であるため、避難所などでは周囲の人との対人関係で不適応を起こしうる。このため、平時であれば、服薬や精神科病院への通院で生活を送ることができていた患者が、救急受診を要することがある。特に、建築基盤が脆弱な精神科病院が地震などの自然災害で破損して、精神科以外の一般救急外来に搬送され、そこに精神科医がいない場合には、対応において混乱を生じやすい。

　統合失調症の急性期のみでなく、慢性期にも注意が必要である。急性期から経過し、慢性期では社会生活の中で適応できないための社会的孤立、対人関係での抑うつ、絶望感が出現するため、自殺の危険が強くなると考えられる。幻覚、妄想、精神運動興奮などの陽性症状だけでなく、陰性症状やそれとの鑑別が必要なうつ症状も自殺に関連する症状と考えられる。一般的に陽性症状が強い時期に治療者は自殺の危険を強く意識するが、それ以外の時期も注意が必要である。統合失調症患者は援助を求めるサインが乏しいといわれる。自殺前に医師に自殺念慮を表明していた例は統合失調症以外の精神障害では40％であったが、統合失調症では15％であった。このようにサインが読み取りにくいことを意識しておく必要がある。この観点からは、災害時急性期には比較的対処されるが、本人・家族・収入状況などのさまざまな生活環境がつねに変化する可能性があり、その結果、症状も変わりやすいため、慢性期の状況も治療者は把握しておく必要がある。

(6) 医学的に説明不能な身体症状

　放射線災害、化学、生物兵器への曝露、テロ攻撃後などにかかわった被災者、支援者が心因性の病的反応を呈することがある。これらは医学的に説明不能な身体症状（medically unexplained physical symptoms：

MUPS）と呼ばれる。精神医学的には身体表現性障害（DSM-5では身体症状および関連障害と示される）に含まれる。

　災害後、多くの人々は診断や自分は大丈夫であるという安全の保証を求めて救急センターなどの医療機関を受診する可能性が高い。たとえば、1995年の地下鉄サリン事件では、東京の地下鉄で毒性の高いサリンガスが放たれた。ガスは無臭、無色であり、そして、出現した症状はさまざまであった。自分がその影響を受けたかどうかわからないことがある。もちろん、その影響で治療が必要な人も多く存在したが、実際には影響を受けている可能性が低い人も命の危険性があると思い、大勢の被災者、支援者が病院にあふれるということがあった。

　2001年、米国では、殺傷性のある炭疽菌を含んでいる手紙が拡散される事件があった。結局、炭疽菌に呼吸感染した患者のうち5人が死亡した。死亡者数は多くなかったにもかかわらず、この炭疽菌事件は米国全体を恐怖に陥れ、その結果、多額の支出を要し、多くの混乱を引き起こした。マスメディアは、炭疽菌感染の徴候と症状が、インフルエンザまたは上気道感染の早期の徴候に似ていると広く報じたため、多くの人が医療機関を受診した。このような反応が起こることがあり、被災者や、時に支援者にも集団パニックが生じる可能性がある。

自己治療の末に起こること

　強いストレス下での反応、症状をまとめると、不眠・悪夢、強い不安、孤立感、意欲の減退、イライラする、怒りっぽくなる、気分が落ち込む、自分を責める、集中力が落ちる、判断力が低下する、だるさ、めまい、動悸、震え、発汗、神経が過敏になる、他の人と話さなくなる、飲酒や喫煙が増えるなどが現れる。これらは日々の安全な日常生活を脅かすものである。

　こういったさまざまな反応、症状に対し、一般的には自分で対処しよ

第4章　極度のストレス下で起こりうる反応　63

うとする。眠れなければ、寝酒が増える。また、イライラしたらタバコの本数やコーヒーの量が増える。人によっては市販の薬物を使用する人もいる。支援者も同様で、自分でまず対処してみると、最初はそれなりに眠れるようになることもあるが、徐々にストレスが続くと、今まで飲んでいた飲酒量では眠れなくなったり、タバコの量が増えたりする。アルコールは徐々に量が増えると、睡眠の質を悪化させ、時に朝起きられなくなり、うつ病を悪化させることがある。本人はよかれと思ってしていることが結果的に、アルコールなどの物質の依存症になったり、うつ病を悪化させたりして、より苦しむことになることも少なくない。苦しんでいる本人は判断力が低下しており、気づいていないこともある。上司や同僚、家族、友人が、本人に最近の様子を尋ねることで疲労や睡眠の問題に気づけたり、タバコが増える、イライラしているなどの行動面の問題に気づけたりする。これを本人に伝えることにより、悪化を防ぐことができる可能性がある。

　アルコール依存症は、単に飲酒量が増えるということではなく、アルコールに依存することによって精神的、社会的、経済的、対人的に問題を生じ、社会生活を崩壊させる疾患であるので注意が必要である。

惨事ストレスについて

　惨事ストレスとは、自衛官や警察・消防の救助隊員など（これ以外の職種でも起こりうる）、災害や事故の悲惨な現場で犠牲者の救助や捜索活動に携わった人が受ける強い精神的ストレスのことである。不眠、無力感や強い自責の念に駆られたりするほか、過度な興奮やフラッシュバック現象、感情の麻痺などのPTSD症状となって現れる場合もある。1995年の阪神淡路大震災、地下鉄サリン事件を契機に知られるようになった。2011年の東日本大震災では、被災地に派遣された消防隊員の9割が何らかの惨事ストレス症状を経験したことがわかり、派遣から戻った

後に、休暇を取らせる、派遣された職員同士で話し合う機会を作るなど、何らかのケアをすることが必要だとされている。

支援者支援の例

　例として、大震災の救助の過程で死体を多く目撃してしまった支援者、急遽遺体の安置所の担当をしなければならなくなってしまった駐車場係の普通の職員のケースを挙げる。震災時、遺族から行きどころのない怒りや厳しい叱声を受けることが続いた。最初は一所懸命対応していたが、徐々に疲労がたまり、心理的な不調に陥り、勤務先に出勤することができなくなった。その後、何とか勤務していたが、葛藤する日が続いた。ある日突然、辞表を出し、「もうこれ以上ここで働けない」と言い、辞職した――。
　こうならないために、遺体の扱いをした職員、多くの叱声を受けた職員、休みがまったく取れなかった職員はハイリスク者と考えて、ラインケアとして上司から声をかけ、心理職との面談を勧めることがまずは必要である。実は精神的な症状に悩まされていたが、「自分だけ我慢すればいい」「こんなことで落ち込んでしまう自分はだめだ」など自責感が聞かれることが多い。こういう状態になることは決してめずらしいことではないこと、必要に応じて休むことができることなど、対応・治療方法があることを説明する。こういったケースでは、しばらく流涙したあと、初めて「休みたいです」と話し、休みを取り、その後復帰し、復帰後は「あの時、頭の中がいっぱいで、どうにもならないと感じていたが、声かけしてもらって本当に安心できた」などと話すことが多い。
　このように支援者支援があれば、時に離職に向かう可能性のある被災地の職員、派遣された職員の離職を防ぐことができる。災害支援を行って精神的に不調になることやその結果退職になることなどは、実はかなり頻度が高い。こうならないためにも管理者が比較的早期から支援者支

援のスイッチを入れることが望ましい。災害時、大規模災害であると宣言するように、支援者支援が必要な状態と宣言することが必要である。

まとめ

　極度のストレス下で起こりうる反応について解説した。平時からどんなことがストレス下で起こるかを知っておくのと知らないのとでは大きな違いがある。事前の準備が大事ということはどこでもいわれることであるが、ストレスによって、前述の反応、症状が出現した時に、「これがその反応か」と理解し、適切に対処することができる。
　適切に援助を求めていくために、チーム内でバディになりお互いに気づき合うことも大切かもしれない。自分で気づける反応と、第三者が気づく反応に注意して、普段から平時のストレスに対応し、そして強いストレス下にも対応可能な準備ができていることが望ましい。

〔文　献〕
　（1）American Psychiatric Association: *Diagnostic and statistical manual of mental disorders. Fifth edition.* American Psychiatric Publishing, 2013.（高橋三郎、大野裕監訳、染矢俊幸、神庭重信、尾崎紀夫他訳『DSM-5　精神疾患の診断・統計マニュアル』医学書院、2014年）
　（2）Breier, A., Astrachan, B.M.: Characterization of schizophrenic patients who commit suicide. *Am J Psychiatry* 141: 206-209, 1984.
　（3）中島聡美、伊藤正哉、白井明美他「遷延性悲嘆障害評価尺度（PG-13日本語版）」(https://endoflife.weill.cornell.edu/sites/default/files/file_uploads/pg-13-japanese.pdf)
　（4）フレデリック・J・スタッダード・Jr.、アナンド・パーンディヤ、クレイグ・L・カッツ編著（富田博秋、高橋祥友、丹羽真一監訳）『災害精神医学』星和書店、2015年
　（5）高橋晶、高橋祥友編『災害精神医学入門―災害に学び、明日に備える』金剛出版、2015年

第5章
リジリエンス

袖山紀子

　大規模災害時に強いストレスにさらされるのは被災者ばかりではない。東日本大震災を例にとれば、本震の後にも長く続いた余震、原発事故による放射能への不安、交通インフラの寸断、物資の不足などのさまざまな困難は、救援・支援活動を行う消防士、警察官、自衛官、医療従事者、行政職員などの支援者たちにも降りかかる。こういった、かつて経験したことがないほどの強いストレス下では、よく訓練されたプロフェッショナルであっても精神的な不調を呈する可能性は十分にある。あるいは精神的な不調に至らないまでも、ストレスによって身体面での変調をきたし、十分な活動を行えなくなることがあるかもしれない。
　医療の分野では、従来、なぜそのような症状が出現したのか、という原因を追究し、それを取り除くことで治癒させようという努力がなされてきた。メンタルヘルスの分野でも、どのような条件のもとで不調が現れやすいのか、という視点での検討が主流であった。
　不調を引き起こしやすい環境が判明しているのであれば、環境を変えることで不調に陥ることを避けることができるかもしれない。支援活動のストレスを和らげるために、事前にメンタルヘルスの教育を受けたり、活動中に支援者同士でサポートを行ったり、適切な休養をとるよう

にしたりすることで、不調に陥らずに済む可能性は高まる。

　しかし、現時点では、災害そのものを予測して回避することはほぼ不可能と言ってよい。そして、ストレスやトラウマを消し去ることは、抗生剤を投与して感染症の原因となっている細菌を取り除くよりも、ずっと難しい。ことメンタルヘルスの問題においては、不調の原因を発見して取り除く、という発想だけでは克服できない場面も多かった。

　そういう中で、近年、リジリエンスという考え方が取り入れられるようになった。リジリエンスという言葉は「抵抗力」や「跳ね返す力」を意味する。使われ方は多様だが、たとえば、ストレスや外傷的な体験を跳ね返す力のことをリジリエンスと呼ぶ。

　過度のストレスやトラウマが心身の不調の引き金になると知っておくことは非常に大切である。しかし、とくに支援者においては、そういった不調を恐れるばかりでもよい結果にはつながらないであろう。リスクの存在とともに、リジリエンスという概念も頭の中に置いておくことは非常に有益である。

　本章ではリジリエンスについて取り上げて解説する。

リジリエンスとは

　リジリエンス（resilience）は日本語では表記が統一されておらず、リジリエンス、リジリアンス、レジリエンス、レジリアンスが用いられている。訳語が使われることは少なく、カタカナ表記の場合が多い。

　リジリエンスという言葉は、医学、心理学だけでなく、その他のいろいろな分野でも幅広く用いられている。分野によって少しずつ意味が異なるが、精神医学の分野では主に疾病からの回復力を意味する[4]。なぜ病気になったのか、ではなく、なぜ病気にならなかったのか、なぜ治ったのかという点に注目した概念がリジリエンスである。

　精神医学の分野で最初にリジリエンスという言葉が使われるようにな

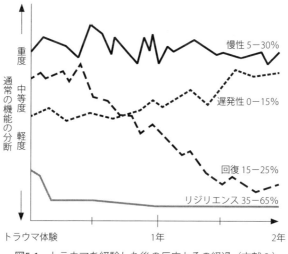

図5-1　トラウマを経験した後の反応とその経過（文献2）

ったのは、児童精神医学であった。アメリカの心理学者ウェルナーが、ハワイで1955年に出生した子どものうち、療育環境などに何らかの問題を抱えた698名の子どもの追跡調査を行った。すると、貧困、暴力などの不安定な環境に置かれているにもかかわらず、3分の1の子どもは健康な成人に成長したことが明らかになった。その後、トラウマを背負った子どもが逆境を乗り越えられるよういかに支援するかを論じるに当たって、リジリエンスという言葉がさかんに用いられるようになり、そこからさらに精神医学の他の分野にも広がっていった。

アメリカの心理学者ボナーノは、2002年から10年にわたり配偶者との死別後の抑うつ状態に関する縦断研究を行った。その結果、経過中一貫して抑うつ状態を認めなかった人が46％と最も大きな割合を占めた。

ボナーノは外傷的な体験を経験した後の反応とその経過を図5-1のように表している。また、ボナーノはトラウマとリジリエンスについて次のようにまとめている。

①トラウマにほとんど反応を示さないことは例外的でもなければ病的

表5-1　リジリエンスに関する予測因子

- 人口動態学的因子（性・年齢）
- 過去、現在のストレッサーが少ない
- トラウマ体験をする前からの信念
  （例：死の受容、正義への確信）
- 意味の探求をあまりしない
- 楽観的な態度
- 肯定的な感情を保つ能力
- 社会的資源（サポート、幅広いネットワーク）
- 経済力（就業、収入を失ったりしていない）
- 健康（病気でない）
- 遺伝素因がない
- パーソナリティ
  現実的な対処
  柔軟性

でもない：それこそがリジリエンスである。

②リジリエンスは回復（recovery）とは異なる：トラウマを経験して何らかの反応を呈して、その後、徐々にもとに戻っていくのが回復である。リジリエンスというのは、そもそもトラウマに対する反応が比較的小さくて済み、その後も影響が少ないまま経過することを指す。

③リジリエンスが最も多く認められる：トラウマを経験すると、多くの人々が病的な症状を呈すると考えられがちであるが、むしろ、35〜65％と比較的多くの人々にリジリエンスが認められるというのが現状である。

④リジリエンスを示す要因は多様で、時に予期せぬ要因である：表5-1のように、トラウマを経験する前にある人が示している何らかの要因によって、トラウマ経験後のリジリエンスが予測できるだろうかという点について数多くの研究があるが、特定の要因は発見できていない。せいぜい、肯定的な感情を保つ能力や柔軟性に富むパーソナリティが、リジリエンスを予測する因子として挙げられているくらいである。

ボナーノはテロ攻撃や自然災害などさまざまな場面において同様の調

査を繰り返したが、トラウマ体験がどれほど深刻でも、抑うつ状態を呈さない人たちの割合は必ず全体の3分の1以上、3分の2未満の範囲に収まった。

　大きなストレスや外傷的な体験にさらされても、それらの影響を受けることなく心身の健康を維持できる人たちが、実は数多くいるのである。こういった研究結果を踏まえて、ストレスや外傷的な体験に屈しない人たちが注目されるようになり、その力や状態がリジリエンスと呼ばれるようになった。

災害とリジリエンス

　たとえば大震災のように多くの人たちが共通の外傷的な体験をしても、PTSDになる人とならない人がいることはすでに明らかになっている[1]。阪神淡路大震災において自宅が全壊ないし全焼した被災者のうち、PTSDと診断されたのは9.6％であった。深刻なストレスによって一過性に軽度のストレス状態に陥ったとしても、大多数の人は自然に回復する。

　命の危険を伴うような極度のストレスに対しても、多くの人がそのストレスを跳ね返す力をもっているのである。

　ともすると、災害によって近親者や住居や仕事やさまざまなものを失った人たちの悲しみが、すぐにPTSDやうつ病などの精神障害と結びつけられがちであるように思う。もちろん、災害に伴うさまざまな苦境がこういった疾患のリスクを高めることは間違いがない。支援や、場合によっては治療的な介入を必要としている人々を見落とすことがないよう、隅々まで目配せをすることはとても大切である[4]。

　しかし、何かを失った人が、ある程度の期間、不安に陥ったり悲しみに暮れたりすることは、自然で正常なことである。一定期間、悲しみに向き合ったのちには、自然にそこから立ち上がることができる。

実際に被災者にインタビューを行うと、被災後、長期間にわたってストレスやトラウマからの苦しみが持続している人、一時的には不調に陥ったが、その後、緩やかに回復した人の他に、災害という逆境に直面することで自分を鼓舞し、被災前よりも意欲的、精力的に活動できるようになったという人たちも少なからずいた。「自分は強くあって困難を乗り切らねばと思った。震災を経験して、さらに強くなったと思う」「気を張っていると不思議と疲れが出なかった。震災後は街をよりよくしようと、ずっと走り続けている」と彼らの言葉は力強かった。悲劇的な状況を受け入れたうえで、彼らはその中に目標、目的を見つけて動き続けていた。

　被災者は必ずしも特別視されることを望んでいない。被災者の「普通に接してほしい」という言葉も非常に印象的であった。この点は支援活動においても一定の配慮が必要かもしれない。この「普通に」という言葉に込められている意味はおそらく複雑なものであろうが、ストレスや外傷的な体験という観点でみれば、リジリエンスを発揮することによって、それらにほとんど反応を示さないまま難なく乗り越えてしまう人たちが決して少なくないからである。

　そして、リジリエンスが発揮されるのは、支援者においても同様である。多くの支援者は過酷な状況の中でも心身の健康を保ち、期待された活動をこなして任務を完遂する。たとえ過度のストレスによって何らかの問題を抱えこんだとしても、そこからまた回復することができるのである。

リジリエンスの要因

(1) **リジリエンスを手に入れる方法**

　どのような要因がリジリエンスにかかわっているかという点については、さまざまな研究が行われている。心理社会的要因のみならず、神経

伝達物質や遺伝子、神経画像を用いた研究などにまで広がっている[3]。

　ここで一つの疑問が湧く。

　リジリエンスは生まれつきの資質として個人に備わっているものなのか？

　それとも、何らかの工夫によって、高めたり育てたりできるものなのか？

　改めて表5-1を眺めてみる。遺伝的な素因に手を加えることはできないし、パーソナリティなどの個人の資質も自分自身では動かしがたいものだ。多少は融通が利きそうな"信念"でさえ、そう簡単に身につけられるものではない。

　しかし、だからといって、「果たして自分はストレスや過酷な体験に動じずにいられる側の人間だろうか」などと不安になる必要はない。楽観的であることはリジリエンスの要因の一つであるから、その点についても楽観的であるほうがよい。

　さらには、リジリエンスにかかわる要因は多岐にわたっていて、必ずしも個人の資質に限らないという。集団におけるリジリエンスにかかわる要因についても、いくつかのことが判明している。

(2) 集団におけるリジリエンス

　たとえば、トラウマ体験後の社会的サポートがPTSD発症の防御因子となることがわかっている。社会的サポートによってリジリエンスの発揮が促進され、社会的サポートが欠如すればリジリエンスの発揮は妨げられる。

　災害後の過酷な環境の中でも、支援者が被災者に声をかけ、さまざまな立場、方法で支援を行うことで、被災者はリジリエンスを発揮し心身の安定を維持することができるかもしれない。

　同じことが支援者にもいえるはずである。災害の現場で支援者として活動している間に強いストレスにさらされ、それによってもし自分の状

態に何らかの異変が起きたとしても、早い段階でそれに気づき、周囲に助けを求めることができれば、深刻な事態に至ることなく任務を遂行できる可能性が高まる。それには、事前教育において、病的な症状が起こりうることを強調するだけではなく、できるだけ早くみずからの不調に気づいて周囲に助けを求めることが大切であることを周知しておく必要がある。

そして、サポートを行う側にも心構えが必要であろう。災害は突然に訪れるので、あらかじめ十分な準備をしておくことは難しいかもしれないが、所属するチームのメンバーに何らかの問題が発生した場合でも速やかなサポートを行うことが可能な体制やネットワークを整えておけるとよいだろう。

災害のような特殊な状況下では、みずからの工夫や努力だけですべての問題を回避することは不可能である。何らかの問題を抱えたとしても、それを恥じる必要はまったくない。耐えることよりも、問題を認識してそれを適切に解決することのほうがずっと大切なことである。

まとめ

本章ではリジリエンスについて解説した。

災害においてストレスや外傷的な体験を避けることは難しいが、多くの人にはリジリエンスが備わっており、過酷な環境の下でもその影響を受けることなく活動することができる。あるいは、一時的な不調に陥っても自然に回復する。リジリエンスを発揮するためには、周囲のサポートも重要である。被災者だけでなく支援者においても、心身に異変が起きた際には、できるだけ早くそれに気づき積極的にサポートを求めていくことが必要である。

〔文　献〕
（1）飛鳥井望「PTSDになる人とならない人」『臨床精神医学』41巻，157-162頁、2012年
（2）ジョージ・A・ボナーノ（高橋祥友監訳）『リジリエンス―喪失と悲嘆についての新たな視点』金剛出版、2013年
（3）加藤敏、八木剛平編『レジリアンス―現代精神医学の新しいパラダイム』金原出版、2009年
（4）加藤敏編『レジリアンス・文化・創造』金原出版、2012年
（5）髙橋晶、髙橋祥友編『災害精神医学入門―災害に学び、明日に備える』金剛出版、2015年

コラム1

ハリケーン・カトリーナ

ハリケーン・カトリーナは2005年8月末に米国南東部を襲い、ルイジアナ州を中心に大規模な被害をもたらした。当初の死者数は約50名だった。しかし、ニューオリンズは水面下にある土地であり、数日後に堤防が決壊し、ルイジアナ州の死者数は約1500名に上った。適切な避難勧告もなく、避難手段もない人々が犠牲になった。ハリケーンという自然災害に、人的災害が加わった、いわば典型的な複合災害である。

われわれは2014年3月にニューオリンズを訪れて、被災者や支援者から話を聞いた。ある50代半ばの女性の話が印象深かった。ハリケーンが接近する中、彼女はニューオリンズに留まることにした。全人口の4分の1が彼女と同じような決断をしたという。高齢者や身体に障害のある人の多くが取り残されたのだが、いわゆる「災害弱者」のための避難計画は立てられていなかった。

「ハリケーンという一つのストレスだけでなく、大規模災害が起きると、複数のストレスが次々に襲ってきた」というこの女性の指摘は印象深かった。ハリケーンの被害にあった会社が倒産し、彼女は職を失った。その結果、経済的な問題が生じ、家族や親戚との関係にもヒビが入った。その後、子宮がんの診断が下され、手術を受けたばかりか、次は、双極性障害を発病して、精神科治療を受けるようにもなった。わずかに半年のうちにこれだけのことが一挙に襲ってきたという。

まるで坂を転がる雪玉のように、一つのストレスがいくつも積み重なり、大きくなっていった。これこそが大規模災害の実相であると語ってくれたのだ。

この女性がもう一つ語ったエピソードがある。ハリケーン襲来の数日後に、ようやく正式な避難命令が出たのだが、その際に、武装した陸軍の兵士が治安出動した。これは米国市民であるこの女性自身にも大変な驚きだった。法律上は、米国内の治安に当たるのは州兵であって、軍ではない。そこへ、いかに大規模災害時の治安維持とはいえ、武装した陸軍の兵士が派遣されたというのは、いかにも米国らしい話だと、私も驚いた。災害派遣の際に、自衛隊員が銃を持つ姿など、私には想像もできない。

（高橋祥友）

第6章
救援活動前の準備──教育と訓練を中心に

清水邦夫

　災害はいつでもどこでも起こりうる。大規模災害も頻度こそ低いが、必ずいつかは発生する。発災時に慌てず冷静に事態に対応するには、災害を想定して平時からあらゆる準備をしておかねばならない(4)。

　日頃からの準備で最も重要なことは、災害時にスムーズに機能する体制を平時から整備しておき、時には災害時に活動する諸機関の間で大規模な訓練を実施し、個々の組織内はもとより、各機関同士がうまく連携し合えるかどうかを確認しておくことである。普段はその目的や任務を異にする組織同士が、災害に際して、指揮命令系統を一元化して、スムーズに有機的に機能することが被災者にとって最大の救いとなることは論を俟たない。一方、前述のごとき組織論は脇におき、人的資源に着目すれば、災害時に活動する警察官、消防隊員、自衛隊員、災害時医療従事者、地方自治体職員、ボランティア等の組織的救援者・支援者が、心身ともに健康を維持しながら職務に専心できることも、被災者に福音をもたらすであろう。そのためには、一般の被災者が被るストレスを凌駕するともいわれる「惨事ストレス」に彼らがうまく対処して、業務上のパフォーマンスの低下を抑止することが大切である。

　本章では、発災前および発災直後の準備として、災害支援者のメンタ

ルヘルス対策に有効であると考えられる教育や訓練について紹介する。

平時における災害時を見据えたメンタルヘルス教育

　重要なことは、平時のメンタルヘルス教育で培った知識を、いかにして災害時に臨機応変かつ柔軟に応用し、展開できるかという点にかかっている。本節では、災害時に活動する組織的救援者・支援者にとって最低限必要と思われるメンタルヘルス教育の内容について述べる。

(1) **ストレスマネジメント**

　最初にストレスマネジメントの第一原則を述べる。すなわち、何らかの問題が生じた時、「それを変えることは可能か？」と自分自身に問いかけ、「はい」ならば、問題に取り組んで、それを変える努力をすればよく、「いいえ」なら無理に変えることなく静観して、事の成り行きを見守ればよい。変えることのできない問題を無理やり変えようとしたり、変えることができる問題を放置したりして、こころのバランスを乱す人が多い実情を知っておく必要がある。[8]

　職場には多くのストレスがあるが、中でも「忙しすぎる」「仕事を評価されない」「仕事に裁量権がない」という3つが大きいとされる。これは被災地での救援・支援業務にも当てはまる。よって、第一に適切な休養は不可欠である。また、裁量権がないのは仕方ないことかもしれないが、それでも救援業務の中に自分で工夫できる余地を作っておくことは重要である。さらに、仕事に対する正当な評価・賞賛が惨事ストレス下のメンタルヘルスでは大きな意味をもつ。上司は部下の仕事を適切に評価し、同僚間でも評価し合うことが重要である。また、被災者やマスメディアからの賞賛は、支援者を勇気づけ、実際に惨事ストレス反応を緩和するとの報告がある。このことは、各組織の広報担当者等のメディア対応が組織的救援者・支援者のメンタルヘルス対策の一翼を担ってい

ることを示唆している。災害時においてもメディアとのかかわり方は重要であり、担当者向けにメディア対応のトレーニングの場を平時から定期的に提供しておくことも重要である。⁽⁷⁾

　余談ではあるが、偉業的に他者を救った救援者等がメディアを通じて過度に英雄視される場合がある。いったん英雄になってしまうと、他者からの期待に応えて、自分の心情に反して英雄として振る舞い続けなければならなくなり、それが非常にストレスとなる。同時に、一般の人々の関心は短期間で消褪してしまうため、それがまた別種のストレスにもなりうる。メディア対応はかくも重要な事項といえる。

　本項の最後に、被災地で実際に役に立つストレスマネジメントの技法を紹介する。最も簡便であるのが、腹式呼吸法である。ゆったりと座り、大きく息を吸う⇒そのまま止める（約5秒間）⇒大きく息を吐く⇒そのまま止める（約5秒間）。この過程を何度か繰り返すと、心身がリラックスする感じに気づく。胸式呼吸になっていないか注意すれば、誰でもどこでも実施できる。この他にも段階的筋弛緩法、自律訓練法、瞑想法などがあるが、これらは被災地で活動する支援者自身のストレス解消のみならず、彼らがトレーナーとなって被災者にも試してもらうことで、被災者との良好なコミュニケーションツールとしても機能し、それがめぐりめぐって支援者のストレス緩和につながることもある。⁽⁸⁾

(2) 惨事ストレス下で起こりうる反応

　これに関しては、第4章ですでに詳述しているため、ここでは多くを記載しない。一応、大災害時には急性ストレス障害（ASD）、心的外傷後ストレス障害（PTSD）、遷延性悲嘆障害、アルコール関連障害、うつ病・双極性障害、統合失調症などの精神障害が発症・再燃・再発する、あるいは症状が増悪する場合があることを頭に入れておけばよい。

　ただし、ここで重要なことは、大災害のようなトラウマを伴う出来事を体験した場合、多くの人が一過性にこころの動揺や不調を呈するとい

うことである。このようなこころの変調を心的外傷後ストレス反応（PTSR）と呼ぶ。健康な人が、異常な事態に遭遇して起きる正常な反応ともいえる。PTSDと似たような症状も現れるが、人には元来リジリエンスが備わっているため、ほとんどが2～3週間で収まる。ただし、症状がきわめて重い（ASD）か、外傷体験から1ヵ月以上過ぎても症状が持続するような場合（PTSD）は、専門的な治療が必要となる。[9]

(3) 被災地支援で影響を受けやすい人

以下に挙げるような支援者は、惨事ストレスの影響を受けやすいため、よりいっそうの注意が必要である。性別で言えば、「女性」が男性よりもストレスを受けやすい。また年齢では、「若年者」と高齢者が災害時にストレスを被りやすいが、支援者には高齢の者は多くないため、とくに「若年者」に気をつける必要がある。若年者はベテラン職員に比べてあらゆる経験が少ないぶん、刺激に反応しやすく、振れ幅も大きい。[8] 一方で、「一部のベテラン救援者」にも注意が必要である。多くの救援者は、救援活動等を積み重ねることで、刺激に対する馴れが生じ、蓄積された経験が次の活動にも活きる。しかしながら、支援者の中には災害活動時の刺激に対する馴れが生じず、逆に感作されて、ある時突然PTSD等が発症する場合があることにも留意すべきである。

また、「精神障害の既往歴や家族歴を有する者」や、「精神障害の治療中である者」も惨事ストレスの影響を受けやすい。突然発生した大規模災害に対応しなければならない場合、精神障害の治療中の者であっても、その時点でとくに症状等がなければ派遣要員として外せないこともあるため、注意が必要である。さらに、「被災体験のある者」「被災地の出身者」「自身あるいは家族が被災した者」も被災地支援で精神的な影響を受けやすい。とくにみずから被災しながらも、私事より業務を優先せねばならない支援者には注意が必要である。[8]

表6-1　遺体関連業務における支援者の対処方法（文献6より引用）

原　則	心構え・セルフケアの実際
・職務の重要性・誇り・目標を忘れずに、見失わないこと ・予想されるあらゆる事態を想定して、業務前に「心の準備」をする ・未経験者は、刺激の少ない状況から徐々に慣れる ・経験者の同僚から話を聞く ・遺体や遺留品には過剰に感情移入しない ・清潔を保ち、食事と水分をたっぷり摂る ・休憩をこまめにとる ・業務外の時間では、心身ともに休む	・遺体に関わる時間を最小限にする ・自分のストレス反応に気づくこと ・ストレス反応が出ている場合、休憩・気分転換を ・自分だけ休めない場合は、同僚とともに休憩をとるのも一法 ・気分転換の工夫、1人でためこまないこと ・家族・友人などに積極的に連絡する ・職員同士でお互いのことを気遣う
	管理職としての配慮
	・影響を受けやすい群：若年者、未経験者、女性 ・業務の目的を事前に具体的に説明する ・事前訓練の場を設ける、チーム編成とする ・業務のローテーションを工夫して曝露量を調整 ・部下の負担が大きいときには配置転換を ・部下に積極的に関わる そして、自分自身のストレス管理を忘れずに！

(4) **遺体関連業務に携わる際の注意点**

　災害が激烈で大規模であるほど、残念なことに災害で亡くなる人の数も増え、多くの支援者が遺体収容や身元確認、遺族対応等の遺体関連業務に携わることになる。警察、消防、自衛隊等の隊員の遺体収容業務はメディア等で大きく取り上げられることが多いが、遺族と真正面から向き合う地方自治体職員や身元確認作業に重要な役割を果たす歯科医師たちの存在も忘れてはならない。

　遺体関連業務は、救援・支援活動の中でも最も過酷なものの一つであるので、前もってそのストレス対処法を知っておくことは重要である。表6-1に対処方法の一例を挙げておく。[6]

(5) **支援者の燃え尽き・共感疲労を防ぐには**

　燃え尽きや共感疲労等については、第2章でくわしく論じているため、学術的な背景や経緯についてはそちらに譲り、ここでは主として共感疲労に陥らないための注意点を紹介する。

支援者の燃え尽きとは、職務に没頭するあまり、徐々に心身が疲弊して、当初の熱意や意義を見失い、業務に対して冷めた姿勢をとるようになり、無価値観や無力感を覚えてしまう状態である。一方、これに似た概念の共感疲労は、被災者に過度に共感（感情移入）することで、支援者に不安・緊張・絶望感・無力感・混乱・自己の能力に対する否定的な感情等が生ずる状態である。惨事ストレス下では、支援者が避けて通れない問題であり、第14章でも取り上げるが、以下３点の予防法を知っておく必要がある。(8)

　①仕事の意義とともに限界についても認識しておく
　②対象者との間に適切な距離を置く
　③同僚からのサポートが重要

(6)　支援者のメンタルヘルスを維持するには

　この節の最後に、災害時に組織的に活動する支援者のメンタルヘルスを維持するために必要な方法を短くまとめたので、平時での教育にぜひ使用していただきたい。(8)

　①良好な人間関係、孤立しない・させない
　②余裕ある仕事、シフトを守り確実に休む
　③定期的に家族と連絡をとる（とらせる）
　④時には自分だけの時間をもつ
　⑤適度な運動、十分な睡眠、バランスのよい食事
　⑥睡眠が不規則になったら黄色信号
　⑦特定の人に負担がかからないようにする
　⑧特定の人をスケープゴートにしない
　⑨派遣期間の半ばくらいに注意せよ（問題が起きやすい・表面化しやすい時期）
　⑩指揮官のメンタルヘルスにも注意を払う（指揮官は孤独である）
　⑪派遣終了後、通常任務に正常に復帰して、初めて任務完了と心得よ

普段から災害に備えて訓練しておく

(1) リジリエンスを高める

　来るべき惨事ストレスに備え、日頃から心身をストレスに対応できるように整えておくことは重要である[1]。端的に言うと、リジリエンスを高める、すなわちリジリエンスを強化する可能性のある要因（表6-2）[5]を積極的に取り入れ、リジリエンスを弱体化させるとみられる要因（表6-2）[5]を可能な限り排除することが望まれる。リジリエンスについては、第5章で詳述しているので、ここではリジリエンスを高めると考えられている訓練について簡単に言及する。

　米軍では、リジリエンスを固定化した静的な様式ではなく、先天的に（genetic）、あるいは人生早期の体験（epigenetic）によって決定づけられるものではなく、ある一定の遺伝的性質を有しながらも、変化するもの、高められるものと認識しており、リジリエンスを高めるさまざまなトレーニングを制度化している[3]。

　2009年に陸軍でComprehensive Soldier Fitnessの運用が開始されたのを皮切りに、海軍ではOperational Stress Control Programが、空軍ではComprehensive Airman Fitnessが、海兵隊ではCombat and Operational Stress Controlが実施され、これら4軍のリジリエンストレーニングを支える共通の枠組みとして、2011年に統合参謀本部からTotal Force Fitnessが発簡されている[3]。同様のトレーニングは、豪軍におけるBattle SMART（Self-Management and Resilience Training）program等、主として欧米諸国の軍隊において用いられている。内容的には、いずれもストレスコーピングや認知行動療法的な理論を背景としたトレーニング方法がとられている。

　また、米軍・英軍等の軍隊では、部隊の団結・絆・士気・リーダーシップ等は、兵士のリジリエンスを高めるとされ、イラク戦争等での経験

表6-2 リジリエンスの強化・弱体化に関連するとされる因子（文献5を改変引用）

リジリエンスを強化するとみられる要因	リジリエンスを弱体化するとみられる要因
・現実的な楽観主義（盲目的な楽観主義は除く） ・恐怖から逃げずに向き合う ・明確な道徳的原則をもつ ・スピリチュアリティや宗教的な背景（信仰心）があること ・社会的サポート（親密な人間関係）の存在 ・物事に取り組む姿勢や行動についてお手本となる人がいること ・身体的フィットネス（運動） ・脳フィットネス（知的活動） ・柔軟なものの見方・気持ちのもち方 ・明確で価値のある目標を持ち、任務に献身的であること ・ユーモアのセンスがあること ・仕事の意義を理解していること ・瞑想（マインドフルネスを含む） ・適度のカロリー制限 ・間歇的絶食	・運動不足（スポーツ等をしない） ・身体的不活発（長時間の車等の運転やテレビゲーム等） ・自己中心主義(些細な「不公平」にも敏感) ・希薄な人間関係（duty-free friendship） ・肥満 ・ファストフード(高脂肪食・高シュガー食) ・過食 ・単身（未婚、非婚、離婚、死別、単身赴任、収監） ・睡眠不足 ・喫煙 ・親の不適切な育児（ネグレクト、過保護）

から、団結の強い部隊に所属する兵士はPTSDにかかるリスクが低いことが示されている(2)。よって、災害時に組織的救援・支援活動を実施する個々の機関は、普段から団結心や絆を涵養し、士気を高められるよう、上司等はつねに適切なリーダーシップを発揮するよう心得るべきである。

(2) **被災者の予期せぬ言動等に備えたロールプレイ**

　災害の規模が大きく、救援・支援活動等が長期にわたり、被災者の疲労の色が濃くなると、被災者側の不満や怒りがこころない言動等となって支援者に向けられることがある（第3章参照）。そのような怒りは被災者がこころの余裕を失った結果であり、決して自分に向けられたものではないと事前教育の知識では理解していても、被災地で不意に体験すると、冷静に受け止められない可能性もある。よって、実際の事例をもとに、本番さながらのロールプレイ等によって対処法を身につけておく

ことは重要であろう。

　たとえば、数名ごとにグループを組み、各グループ内で被災者役と支援者役を1プレイごとに選出し、実際に起きた事例等をベースに、被災者役が支援者役に対してこころない言葉を浴びせたり、不適切な態度を露わにする等の状況を設定する。この状況に支援者役が慎重に言葉を選びながら冷静に対応するといったやりとりをグループ全員で見聞きし、その適否等についてグループ内でディスカッションするというやり方が妥当である。時間が許せば、グループ内の全員がそれぞれの役を体験するとよい。その後、訓練参加者全員で集まり、各グループの代表者がそれぞれのグループにおけるロールプレイのまとめや教訓等を発表し、それについても参加者全体でディスカッションを行う。そして最後に、訓練実施担当者（支援者支援学の専門家等）が教育的かつ実践的な総括を行うといった流れが一般的であろう。時に、被災者役の演技が迫真に過ぎ、支援者役が泣き出してしまう場合もあると聞く。しかし、本番さながらとはいえ、あくまでも訓練である。多様な意見もあろうが、個人的には被災者役もあまりに過激な言葉や過度に不適切な態度は慎みたいところだと考えている。

発災後、出発までの短期間に行うべき準備と教育

(1) 簡易スクリーニング検査と面接による要員の選定

　すべての派遣活動者に専門家の面接を実施するのが理想であるが、十分な時間がとれないのが現実であるため、自記式のK10（米国のケスラーが作成したうつ病・不安障害などの精神障害をスクリーニングするための検査。簡易版のK6でもよい）、あるいはGHQ30（全般的な精神健康度をみる）等を用いてマススクリーニングを行うとよい。そのうえでカットオフ値を超えた者や希望者に対して、専門家が面接して要員を総合的に選定する。

(2) 直前教育

　平時において系統的に教育してきた内容を、派遣直前に要点を絞って、再度コンパクトに説明する。とくに第3章で詳述された災害支援者支援のメンタルヘルスの四大原則、すなわち①正確な情報の収集、②適切な休養、③早期の問題認識、④適切な援助希求は、重要かつ有効な精神保健対策であるので、強調して教育すべきである。[8]

(3) 被災者の支援に入る前の心得

　9・11米国同時多発テロ後、米国では大災害直後の被災者支援に関する意識が高まり、支援者等の多職種間で実施される包括的な対応の基本として、精神保健の専門家でない者でも行えるサイコロジカル・ファーストエイド（Psychological First Aid：PFA）が普及し、日本へも紹介された。世界保健機関（WHO）版「心理的応急処置現場の支援者ガイド」（国立精神・神経医療研究センター訳）と米国立PTSDセンター等が開発した「サイコロジカル・ファーストエイド実施の手引き（第二版）」（兵庫県こころのケアセンター訳）の2つが広く知られており、その概念は平時での教育や訓練にも役立つと考えられる。

　ただし、PFAはきちんとその内容を理解して適切に使用することが重要であり、実際の活用にあたっては、各団体のPFA研修会などに参加し、理解したうえで行うことが望ましい。

支援者への教育に関する今後の課題

　警察、消防、自衛隊等の大きな組織では、近年系統立った組織的な教育体制がおおむね整備され、年々進歩を遂げている。一方、地方自治体等も地域の精神保健関連施設や協力関係にある大学等の支援を受けながら、徐々に職員に対する組織的な教育を普及させてきている。[10]

　今後の課題としては、とくに広域大災害時に、遠く離れた地方自治体

や国から現地に応援のため臨時で派遣される公務員等の教育体制を検討することや、災害ボランティアの教育についての対策を急ぐこと等が挙げられる。

〔文　献〕
（1）ジョージ・A・ボナーノ（高橋祥友監訳）『リジリエンス―喪失と悲嘆についての新たな視点』金剛出版、2013年
（2）Du Preez, J., Sundin, J., Wessely, S. et al.: Unit cohesion and mental health in the UK armed forces. *Occup Med* 62: 47-53, 2012.
（3）長尾恭子、田中敏志、藤原俊道他「防衛衛生技術シリーズ No.220戦闘と作戦における Behavioral Health（4）統合参謀本部による Total Force Fitness（TFF）について―前篇」『防衛衛生』63巻7・8合併号別冊、1-12頁、2016年
（4）エルスペス・キャメロン・リチー、パトリシア・J・ワトソン、マシュー・J・フリードマン編（計見一雄、鈴木満監訳）『巨大惨禍への精神医学的介入―自然災害・事故・戦争・テロ等への専門的備え』弘文堂、2013年
（5）作田英成、伊藤利光「防衛衛生技術シリーズ No.215レジリエンスを鍛える：打たれ強くなる」『防衛衛生』61巻11・12合併号別冊、1-11頁、2014年
（6）重村淳、谷川武、佐野信也他「災害支援者はなぜ傷つきやすいのか？―東日本大震災後に考える支援者のメンタルヘルス」『精神神経学雑誌』114巻、1267-1273頁、2012年
（7）フレデリック・J・スタッダード・Jr.、アナンド・パーンディヤ、クレイグ・L・カッツ編著（富田博秋、高橋祥友、丹羽真一監訳）『災害精神医学』星和書店、2015年
（8）高橋晶、高橋祥友編『災害精神医学入門―災害に学び、明日に備える』金剛出版、2015年
（9）高橋晶「災害救助要員のメンタルヘルス」『精神神経学雑誌』116巻、224-230頁、2014年
（10）山下和彦、渡部育子、後藤弓子他「東日本大震災後の福島県内復興支援者のニーズ変化と現状―ふくしま心のケアセンター県中方部センターの支援者支援研修会の取り組みから」『トラウマティック・ストレス』12巻、79-86頁、2014年

9・11米国同時多発テロ

2001年9月11日に起きた同時多発テロは米国民に深い傷痕を残した。圧倒的な軍事力を誇る米国であったが、テロリストが易々とハイジャックした航空機によって、死亡者約3000人、負傷者約6000人の被害が生じた。

われわれは2013年3月にニューヨークを訪れた。すでに10年以上経過していたが、連邦政府資金で支援者支援の試みが続けられていた。

ニューヨークにあるマウント・サイナイ医科大学ではWTCP（The World Trade Center Program：世界貿易センタープログラム）が、9・11同時多発テロ後から継続的に実施されていた。世界貿易センタービルで救助活動に当たった約4万人の消防士や警察官を対象としたフォローアップ計画である。崩壊した世界貿易センタービルで、救援活動に当たった支援者たちは、瓦礫の破片やアスベストを吸入して、呼吸器系の疾患を発症する危険があり、当初は身体的なフォローアップに焦点が当てられていた。しかし、彼らの中にさまざまな心理的問題も発生していることにも気づかれて、心理的なケアも実施されるようになった。

WTCPでは、同時多発テロとの関連障害と判定されると、治療費は連邦政府から援助され、無料となる。いくつかの興味深い知見も発表されていた。たとえば、部分的なPTSD（心的外傷後ストレス障害）症状は認められるものの、PTSDの診断基準に完全に合致する症例の率は、先行研究ほどは高くはない点や、PTSDのハイリスク群として若年者よりも経験豊富な支援者が挙げられていた（先行研究では、若年者がハイリスク群とされてきた）。

さらに、草の根の運動も印象的であった。9・11遺族会はグラウンドゼロの隣に追悼センターを設置し、愛する家族を喪った経験を、センター来訪者に語り継ぐとともに、遺族同士の自助グループも作っている。

なお、彼らは東日本大震災後から毎年来日し、東北の被災者を訪問する活動を続けている。「テロであれ、津波であれ、愛する家族を突然喪った悲しみは分かち合うことができる」との思いから、9・11遺族会のメンバーたちが今でも東日本大震災の被災者を見舞っている。自分たちの力で「今、ここで」できることは何かを考える米国人の発想に頭が下がる思いがした。

（高橋祥友）

第7章
救援活動中のケア

長峯正典

　筆者は陸上自衛隊に所属する精神科医官であるが、東日本大震災の災害派遣や、国連平和維持活動の派遣隊員に対するメンタルヘルス支援等にこれまで従事してきた。本章では、「救援活動中、メンタルヘルスの原則を実際どのように適応するのか」ということに焦点を絞り、大きく「組織レベルでの対策」と「個人レベルでの対策」に分類し、筆者の経験も交えて記述してみたいと思う。

組織レベルでのメンタルヘルス対策

(1) 適切な情報共有

　大規模災害では、多くの場合、インフラは壊滅的なダメージを受け、混沌とした状況の中で、被害状況・支援ニーズに関する情報が錯綜する。そのような中、警察、消防、自衛隊、各種医療チーム、ボランティア等の多種多様な支援者が全国から駆けつけ、現場はさらに混乱を極める。このような状況において何よりも重要なのは、組織的な指揮系統に基づく適切な情報共有である。効果的な救援活動を行うためには、適切な情報共有を欠かすことはできない。

適切な情報共有は、支援者のメンタルヘルスにも大きく影響する。救援活動に従事する支援者の多くは、困難な状況において少しでも力になりたい、という強い思いを抱いて活動している。一方で、救援活動でできることには限界がある。とくに災害急性期においては、被害に関する情報が刻一刻と変化する中、二次災害の危険から支援者の安全を確保する必要もあり、思うように救援活動が進まないことも珍しくはない。そういった背景も含め、支援者間の情報共有が不十分だと、救援活動の計画者サイドに対する批判が高まり、スケープゴートの対象になりかねない。とくに、経験の乏しい支援者ではこのような事態に陥りやすいので注意が必要である。救援活動は基本的にチームを編成して実施されるが、チームのリーダー（指揮官）は上から降りてくる情報を可能な限りメンバーに正確に伝える必要がある。そのためにも、通常朝夕に実施されるチームミーティングはきわめて重要な意味をもつ。

(2) リーダーの役割

　支援者のメンタルヘルスを良好に維持するうえで、リーダーが担う役割はきわめて大きい。支援者が任務の意義を強く認識し、誇りをもって救援活動に臨むことが、惨事ストレス対処に非常に有効であると報告されている[4]。前線で救援活動に従事する支援者では、このような心構えを自然と保持している者も多い。一方、後方で救援活動を支える支援者に対しては、任務の意義や誇りを自覚できるよう、リーダーからの積極的な働きかけが必要である。

　英軍の研究において、部隊の強い団結・高い士気・優れたリーダーシップは兵士の良好なメンタルヘルスと有意に関連することが示されている[3]。大規模災害の支援者においても同様に、このことは適応されると考えられる。とくに、チームの団結や士気を高めるうえで、支援者の働きをリーダーがしっかりとねぎらうことは重要である。東日本大震災で原子力被害をもたらした東京電力福島第一・第二原子力発電所では、職員

の間で深刻なメンタルヘルスへの悪影響がみられており、社会からの誹謗・中傷がその大きな要因として報告されている[11]。このことは、社会的な評価が支援者のメンタルヘルスに大きく影響すること、裏を返せば、支援者を十分にねぎらうことで、彼らのメンタルヘルスを良好に維持できる可能性を示唆している。

　また、支援者が十分に休養をとることの重要性について後で述べるが、支援者が積極的に休養をとるためには、リーダーみずからがしっかりと休養をとる姿勢を見せる必要がある。リーダーが遅くまで働いていては、チームのメンバーも休養をとりづらい。このように、支援者のメンタルヘルスを良好に維持するうえで、リーダーが担う役割は大きい。

(3) **支援者の運用について**

　救援活動中、支援者にはさまざまなストレスがかかり、その反応として多様な症状が生じうる。詳細は第4章で記載しているので割愛するが、一般的にストレスと症状との間には、量―反応関係が成り立つ。すなわち、多くのストレスがかかると、それに反応して多くのストレス症状が生じうるのである。したがって、支援業務を管理する立場にある者は、一部の支援者だけに強大なストレスがかからぬよう注意した運用を計画しなくてはならない。

　たとえば、救援活動の長期化や長時間のトラウマ曝露は、ストレス反応を大きくすることが報告されている[8]。管理者は短めのローテーションを策定し、1回の救援活動を短期化することが望ましい。とくに、遺体を扱う業務など、強いトラウマを被る業務については注意が必要である。一部の支援者だけでなく、多くの支援者で短時間のローテーションを組み、個人のトラウマ曝露量を最小限にする工夫が求められる。

　また、被災地において、みずから被災している支援者にはとくに注意が必要である[6]。現場の自治体、警察、消防、自衛隊、医療機関等の職員は、たとえみずから被災していても、災害直後からその対応に迫られ

る。中には、家族を失う者、自宅が壊滅的な被害を受ける者もいる。そのような状況の中、災害の初動対応に従事しなくてはならない。このような支援者に対しては、何らかの組織的な配慮が必要である。初動対応の時期は難しくとも、時間経過に伴って被災地外から多くの支援者がやってくる。そのような時期であれば、被災した支援者の業務を軽減し、自身の家族をケアする時間を作ってやることも可能であろう。

　ただし、このような考慮をする際は、本人の意向を十分に尊重し、慎重に行う必要がある。職業として災害支援に従事する者は、災害対応そのものが任務の一つとして与えられている。彼らにとって、現場から離れることは強い葛藤を伴う。「自分は任務を放棄して、個人を優先させてしまった」といった自責感に苛まれる者もいる。このようなこころの傷は、モラルインジャリー（道徳的な傷つき）とも称され、PTSDのリスク要因にもなりうる[7]。したがって、本人の意向を十分に尊重した対応が重要であることを忘れてはならない。

　他にも、前章でも言及されているように、若年者、女性、救援活動未経験者といった影響を受けやすいとされる支援者がいる[1]。これらの支援者については、経験豊富な支援者とチームを組ませるといった配慮が望ましい。とくに、災害時の救援活動経験のない支援者は、活動に対する過剰な気負いや不安をもっていることが多い。ベテラン支援者が語る豊富な経験談や助言は、経験のない支援者の気負いや不安を軽減し、彼らのストレスを緩和させることが期待できる。

(4) 休養の確保・生活環境の整備

　効果的な支援を行うには、支援者が心身ともに健康であることが必要不可欠である。しかしながら、災害という特殊な状況において、支援者が十分に休息をとることは容易には期待できない。「大変な時だからこそ自分が頑張らねば」という思いが、休息をとることを阻害する。そのような状況だからこそ、支援者の休養を確保するための組織的な取り組

みが必要となる。

　支援者の休養を確保するうえで最も確実なのは、完全なシフト制の導入である。第3章で紹介されているとおり、米国連邦緊急事態管理庁（FEMA）は、1日の勤務を12時間のシフトにする二交代制を運用している。日本の災害現場では、シフト制はいまだ十分に導入されていないと考えられるが、支援者の休養を確保するうえできわめて有効な施策と思われる。

　生活環境については、衣食住の整った環境がよいことは言うまでもない。注意すべき点を挙げるとすれば、ある程度プライバシーを保てる環境が望ましいということである。惨事ストレスのもとで作業する支援者は、異常な事態に対する正常な反応として、多かれ少なかれ過覚醒の状態となる。後でも述べるが、そのような支援者にとって、十分にリラックスできる環境でセルフケアを行うことは、メンタルヘルスを良好に維持するうえで欠かすことができない。

　とはいうものの、被災地域のインフラは通常大きなダメージを受けており、支援者のために良好な生活環境を確保するのは困難なことが多い。その結果、支援者は被災地から少し離れた地域に生活拠点を置くことも多いが、これにはよい点もある。被災地は通常、凄惨な町並みを呈し、多くの被災者であふれかえる。このような生活環境では、たとえ業務を終えて気分を切り替えようにも、十分にリラックスすることは難しい。現場から離れることで、往復の移動に時間を要するデメリットもあるが、それはそれで、オンとオフの気持ちの切り替えの時間にもなる。

　東日本大震災では多数の自衛官が派遣されたが、隊員の多くは現場の前線から少し離れた場所に宿営し、一部の隊員は現場近くの学校等、避難生活を送る被災者と同じ場所で宿営した。派遣終了後にわれわれが実施した調査では、被災者と同じ場所で宿営した隊員は、メンタルヘルスの不調を呈するリスクが有意に高いという結果であった[5]。隊員への聞き取り調査では、「日々の生活において被災者の方々と言葉を交わすこと

も多く、救援活動の励みになった」という意見もみられたが、それ以上に被災者に感情移入する場面も多く、より多くの二次的トラウマを被った可能性がある。また、身近に被災者が生活する環境において、隊員は十分にリラックスして休養をとることが難しかったことも考えられる。これらの知見は、支援者のプライバシーが確保された生活環境の重要性を示唆している。

　参考までに、東日本大震災において陸上自衛隊が実施した、休養施策について簡単に紹介する。陸上自衛隊では、隊員が積極的に休養をとらないことや、蓄積する隊員の疲労を懸念し、被災地外の駐屯地や国有地に戦力回復所と称する場所を数ヵ所設置した。[13] 隊員は数週間に一度、被災地を離れてこの施設を利用することを推奨され、多くの隊員から「心身のリフレッシュに非常に役立った」という声が聞かれた。支援者のメンタルヘルス対策として、たとえ短期間であっても、定期的に被災地から離れることは有効であると考えられる。

個人レベルでのメンタルヘルス対策

(1) 支援者の適切な心構え

　支援者の心構えについては、第6章で触れており、本章の組織レベルでの対策とも少し重複するが、重要なテーマであるので改めて記載しておく。

　支援者の多くは、「一人でも多くの被災者を救いたい、被災者のために役に立ちたい」という強い思いを抱いている。一方、被害の大きな大規模災害では、支援者のできることも限られることが多い。そのような状況において、支援者は適切な限界設定を行う必要がある。この作業を十分に行わないと、支援者は不要な無力感や自責感に苦しめられることになる。

　東日本大震災では、津波による多くの犠牲者が生じた。数多くの遺体

搬送を行った支援者の中には、「人命救助のために災害現場に入ったのに、自分の無力さばかり感じる」と語る者もいた。急性期医療支援で被災地に入った災害派遣医療チーム（DMAT）隊員の中にも、「運ばれてくるのは溺死体ばかりで、何のために被災地に来たのかわからない」と肩を落として帰った者も少なからずいたと聞く。自分ができること・できないことを状況に応じて認識し、適切な限界設定を行うことが、このような心理的苦悩を回避することにつながる。

　また、任務の意義・誇りを支援者みずからが強く認識することも重要である。先述の例で言えば、犠牲者である遺体を搬送すること、検案して死亡診断書を書くこと、これらはいずれも災害においてきわめて重要な業務である。東日本大震災において、遺体捜索に従事した自衛官からは、「一人でも多くの遺体を早く家族のもとに帰してあげたい、という思いで作業していた」という声が多く聞かれた。このように、任務の意義・誇りを支援者が強く認識することは、惨事ストレスに対するリジリエンスとして機能する。

　支援者は、心的外傷体験を有する被災者（被支援者）を支援し共感する過程において、みずからも心理的な傷つきを体験しうる。このような傷つきは、「二次的トラウマ」あるいは「共感疲労」と呼ばれている。詳細については、第2章で解説しているのでここでは割愛するが、支援者が心的外傷体験を有する被支援者に接する際、注意すべき心構えがある。それは、「被支援者とある程度の距離を保ち、過度の感情移入をしないこと」である(8)(9)。とくに、遺体にかかわる支援者は二次的トラウマを被る危険性が高いとされており、"犠牲者への同一化"がそのメカニズムとして報告されている(12)。

　"共感"という機能は、本来、人が社会生活を円滑に送るために保有するきわめて重要な機能である。困難に直面する他者の気持ちを考慮し、「何とかしてあげたい、力になってあげたい」と思うことは、人道支援という利他的な活動の大きな原動力となる。さらに、こうした活動

を通じて得られる達成感や満足感はCompassion Satisfaction（共感満足）とも称され、支援者が被る心理的苦悩（二次的トラウマ・共感疲労）に対して保護的に機能することが報告されている[2]。一方、心的外傷を被った被災者とのかかわりにおいて、みずからも心的外傷を被ってしまう者もいる。われわれが行った調査では、逆境にある人を前にした際、みずからが強い不安を感じたり、相手に同一化する傾向が強い者は、心理的苦悩を被りやすいことが示されている。多くの被災者とかかわる災害救助活動において、人のもつ共感という機能は諸刃の剣となりうるのである。したがって、このような傾向の強い支援者はとくに注意しなければならない。先述した「任務の意義・誇りを強く認識すること」は、支援者の職業意識を高め、被支援者との距離を保つうえでも有効といえよう。支援者はこれらのことを十分に意識し、救援活動を通して被る二次的トラウマを最小限に抑える必要がある。

(2) セルフケア

災害における救援活動に限らず、あらゆるメンタルヘルス対策において、セルフケアが重要であることは言うまでもない。メンタルヘルスを良好に保つうえで、みずからがこころのケアをしっかり行う必要がある。そのためには、心身ともに業務から離れ、深くリラックスできるオフの時間を確保する必要がある。そのような時間を利用して、運動するのもよいし、昼寝をして過ごすのもよい。あるいは、家族や友人と話すのもよいし、読書や音楽鑑賞をするのもよい。とくに、適度な運動はリジリエンスを高めることが報告されている[14]。肝要なのは、業務から完全に切り離された時間をもち、十分に気分転換を図ることである。

(3) 適切な援助希求行動

ここまで、支援者が取り組むことのできるメンタルヘルス対策を列挙してきた。このような取り組みを行ってもなお、メンタルヘルス不調に

陥る可能性を支援者は認識しておかなければならない。基本的にこれらの症状は、異常な事態に対する正常な反応として理解されるものではあるが、反応が一線を超える場合は早期の対応が重要である。救援活動に従事する支援者としては、みずから不調を名乗り出るのは勇気のいる行動かもしれない。しかしながら、支援者が早期に回復するためにも、そして救援活動全体に与える影響を小さくするためにも、いざという時は支援者みずからが適切な援助希求行動をとることが重要である。

〔文 献〕
（1）Berger, W., Coutinho, E.S., Figueira, I. et al.: Rescuers at risk: a systematic review and meta-regression analysis of the worldwide current prevalence and correlates of PTSD in rescue workers. *Soc Psychiatry Psychiatr Epidemiol* 47: 1001-1011, 2012.
（2）Collins, S., Long, A.: Working with the psychological effects of trauma: consequences for mental health-care workers--a literature review. *J Psychiatr Ment Health Nurs* 10: 417-424, 2003.
（3）Jones, N., Seddon, R., Fear, N.T. et al.: Leadership, cohesion, morale, and the mental health of UK Armed Forces in Afghanistan. *Psychiatry* 75: 49-59, 2012.
（4）Leffler, C.T., Dembert, M.L.: Posttraumatic stress symptoms among U.S. navy divers recovering TWA flight 800. *J Nerv Ment Dis* 186: 574-577, 1998.
（5）Nagamine, M., Harada, N., Shigemura, J. et al.: The effects of living environment on disaster workers: a one-year longitudinal study. *BMC Psychiatry* 16: 358, 2016.
（6）Nagamine, M., Yamamoto, T., Shigemura, J. et al.: The psychological impact of the Great East Japan Earthquake on Japan ground self-defense force personnel: a three wave one-year longitudinal study. *Psychiatry* 27: 1-9, 2018.
（7）Nazarov, A., Jetly, R., McNeely, H. et al.: Role of morality in the experience of guilt and shame within the armed forces. *Acta Psychiatr Scand* 132: 4-19, 2015.
（8）Perrin, M.A., DiGrande, L., Wheeler, K. et al.: Differences in PTSD prevalence and associated risk factors among World Trade Center disaster rescue and recovery workers. *Am J Psychiatry* 164: 1385-1394, 2007.
（9）Pross, C.: Burnout, vicarious traumatization and its prevention. *Torture* 16: 1-9, 2006.
（10）Regehr, C., Goldberg, G., Hughes, J.: Exposure to human tragedy, empathy, and trauma in ambulance paramedics. *Am J Orthopsychiatry* 72: 505-513, 2002.
（11）Shigemura, J., Tanigawa, T., Saito, I. et al.: Psychological distress in workers at the Fukushima nuclear power plants. *JAMA* 308: 667-669, 2012.
（12）Ursano, R.J., Fullerton, C.S., Vance, K. et al.: Posttraumatic stress disorder and

identification in disaster workers. *Am J Psychiatry* 156: 353-359, 1999.

(13) 山本泰輔、角田智哉、山下吏良他「自衛隊における惨事ストレス対策—東日本大震災における災害派遣の経験から」『トラウマティック・ストレス』11巻、125-132頁、2013年

(14) Yoshikawa, E., Nishi, D., Matsuoka, Y.J.: Association between regular physical exercise and depressive symptoms mediated through social support and resilience in Japanese company workers: a cross-sectional study. *BMC Public Health* 16: 553, 2016.

第8章
救援活動後のケア

藤原俊通

はじめに

　前章によると、「救援活動中のケア」は単に個人レベルの視点で考えるのではなく、組織レベルでの視点をもたなければならない。災害現場という過酷な環境の中で災害支援者がプロとして活動するためには、支援者支援が任務完遂のために組織として取り組む重要な課題であることを再認識しなければならない。
　こうした流れを受けて本章では、「救援活動後のケア」について考える。しかし、それは単に支援終了後のケアだけを考えることではない。本章では、救援活動終了後のケアに焦点を当てながらも、準備〜活動中〜活動後、そして再び準備へとつながる一連の流れとしてとらえ、理解を深めていくことにする。

救援活動後のケア

(1) 救援活動後のケアの位置づけと重要性

　過酷な災害現場での活動が終了したあとに、十分な休養が必要であることは説明するまでもない。しかしながら救援活動後のケアは、単なる休養ではなく、緊急事態から平時という環境変化への適応過程である。任務として救援活動を行う者にとって、活動の終了はすべての終わりではない。なぜなら彼らは活動終了と同時に、いつ起こるかもしれない新たな災害に対して、即応できるように備えていなければならないのだ。
　その意味で、救援活動は、事前の準備、救援活動、活動終了後の整備、そして再び準備へと循環する流れの中にあり、つねに動き続ける一連のプロセスとしてとらえる必要がある。

(2) 救援活動後に起きやすい問題

　それでは、まず救援活動後のケアの重要性を理解するためにも、この時期に起きやすい問題について説明する。
　救援活動中の支援者は極度のストレス下で活動している。そこで支援者に起こる反応には、第4章で述べているとおり、心的外傷後のストレス反応、抑うつ反応など、さまざまなものがある。また、救援活動中にそれらの反応が出現した場合は、まずそのことに気づき、適切な専門機関につなぐなどの対応が必要である。
　現場での活動中に前述のような不調が現れなかった場合も、活動終了後の不調に気をつけておく必要がある。なぜなら支援者は、過酷な環境の中で強いストレスにさらされながら、任務を達成するために相当な無理を重ねている。したがって、とくに問題なく活動に従事していた職員でも、活動が終了してその環境から解放されると、燃え尽きてボーッとした状態になったり、ハイテンションになったり、不眠や抑うつ状態な

どの不調が一気に現れたりすることがある。

　さらに、救援活動中にあまりにも悲惨な体験をした場合、時間が経ってからPTSDやうつ病などを発症することもある。このことは、激しいスポーツの試合中、興奮状態では多少の怪我の痛みは感じないが、試合終了後に興奮が醒めると急に痛みを感じ始めることに似ているといえるかもしれない。

　次に、個々の症状だけでなく、組織や家族など、周囲の人々との関係性にも影響は現れる。前述の状態で普段の生活や勤務に戻ると、家族や活動に参加せず残留していた同僚との関係が悪化するなどの問題が生じることがあるのだ。

　救援活動後に起きやすい問題の三つ目は、世論や周囲の反応による影響である。第7章で述べたように、メンタルヘルスを良好に維持するためには、支援者が任務の意義を強く認識し、誇りをもつことがきわめて重要である。こうした支援者の意識は、世論や周囲の人々の意見の影響を受けやすい。

　たとえば東日本大震災の災害派遣に参加した陸上自衛隊員のうちPTSDを発症した者の数は、当初の予測を大幅に下回る結果であった。その大きな理由として考えられるのは、国民の多くが災害派遣活動を肯定的に受け止め、現場で活動する隊員に多くの温かい声援が寄せられたことである。繰り返す余震、多数の遺体、放射能に対する不安など過酷な環境の中でも、活動の意味を自覚し誇りをもつことで、ストレスの影響を最小限に抑えることができたと考えられている。

　世論による影響は、東日本大震災のような大規模な災害で救援活動に対する関心が高い場合と、あまり報道されることのない小規模な災害の場合で異なることが予測される。また、困難な救援活動の場合、国民や被災者から怒りや不満がぶつけられることもあるだろう。このような時、活動中だけでなく活動終了後にこうした報道に触れることで、支援者がみずからの活動の意義を見失い、徐々に不調に陥ってしまうことが

ある。

　そのため、支援者はそうした声に左右されず、みずからの活動に意義を見出し誇りをもてるように、普段から組織として取り組んでおく必要がある。

(3) 対処要領
　次に、救援活動終了後の対処要領について述べる。

　救援活動中の過酷な環境から、平素の安全な環境への移行は、支援者にとって大きな環境の変化をもたらす。一見すると、救援活動の終了は過酷なストレスからの解放であり、そこには何の問題もないようにみえるかもしれない。しかしながら、たとえ危険から安全への変化であっても、環境の変化は人間にさまざまなストレスをもたらすことが知られており、前述した問題が起きることがある。

　①情報提供・教育

　そこで救援活動後のケアは、まず十分な休養をとり、心身の疲労を回復させることが中心になる。すでに述べたように、活動中に何らかの不調を感じた場合は、無理せずカウンセラーや精神科などの専門機関に相談することが重要である。またこの際、こうした救援活動による心身の不調は、決して恥ずかしいことではなく、「過酷なストレスによる当然の反応である」ことを当事者に説明する必要がある。自衛隊、消防、警察などの組織では、「強くあること」が求められるため、ストレスによる反応は弱さとして受け止められやすく、適切な援助希求につながりにくいのである。また、活動終了後に起きやすい前述の問題と対処要領についてあらかじめ説明しておくことも重要である。

　②振り返りの実施

　活動の終了に当たって、活動した仲間とともに今回の活動について振り返り、体験を整理する機会をもつ。困難な環境をどのように乗り越えたのかを振り返り、自信と達成感を獲得し、活動の意義を確認する。う

まくいかなかったことがあれば、問題点と対策を検討して、今後の活動に対する不安をできるだけ排除しておく。

③周囲の人々との関係性の再構築

活動終了後、家族や活動に参加しなかった職員との関係に問題が生じやすいことはすでに述べた。とくに東日本大震災のような大規模災害の場合、現場で活動した職員だけでなく、家庭や職場などで留守を預かった人々もまた、強いストレスの影響を受けていることが多い。そのため活動終了後は、それぞれがストレスの影響を受けていることを理解して、相互の体験を共有し尊重することが重要である。焦らず時間をかけて相互の関係性を築き、再び家族や組織としてのまとまりを取り戻していく。

以上、活動終了後に行う対処要領について説明した。すでに述べたように、活動終了後のケアとは単なる休養ではなく、緊急事態から平時へという大きな環境変化への再適応の過程である。筆者が勤務する陸上自衛隊においても、海外派遣や災害派遣など、危険をともなう現場での活動が終了する際は、心理業務従事者が前述のような再適応支援を担当している。

活動終了後のケアの先にあるもの

(1) 環境変化への適応

近年、地震、台風、水害などの災害が頻発し、自衛隊の災害派遣も増加する傾向にある。任務として救援活動に従事する組織にとって、いかなる災害にも即応できる態勢を整えておくことがきわめて重要である。したがって、すでに述べたように、支援者にとって活動の終了は単なる終わりではなく、次の活動につながるものでなければならない。ここでは、活動後のケアをどのようにして次の活動の準備に結びつけていくか

について、米軍の取り組みを参考にして説明する。

いうまでもなく米軍は、災害だけでなく多くの実戦を経験している組織であり、即応性の維持はきわめて重要な問題として位置づけられている。統合参謀本部長の言葉を引用すると、「変わり続ける環境に絶え間なく気づいていることや、避けられない変化に対してつねに柔軟に適応し続けること」が重要であるという[2]。これは単純化していうと、戦場では戦場の環境に適応し、帰還後は平和な社会に適応して次に備える必要があるということであり、環境の変化にいかに早く適応できるかが任務達成に大きく影響するということである。

そして米軍では、環境変化に適応する能力を向上するために、「医学的（歯科を含む）要因」「栄養上の要因」「環境の要因」「身体的要因」「社会的要因」「スピリチュアルな要因」「行動上の要因」「心理的要因」の8領域の要因を最適化することが重要であるとしている[2]。また米軍においては、変化に適応する能力は、リジリエンスとも近接する概念と考えられており、これら8領域にわたる要因を最適化することで、結果的にリジリエンスを向上させることができると考えられている。

(2) 適応力を高めるために

以上のことを参考にして、どのようにして支援活動終了後のケアを次の活動の準備段階へとつないでいけばよいかについて考える。

そこで重要なのは、緊急事態でも平時でも、支援者が置かれた環境にいかに適応し、本来の力を安定して発揮できるかということである。その意味では、米軍で重視されている8領域の要因も、実は日常生活を生きていくうえでも大切と思われるような、ごく当たり前の内容であることがわかる。普段からこれらの要因を意識して高める努力をすることが、いざという時に必要な力を発揮することにつながる。さらに、それは活動終了後のケアや振り返りを通して高められ、次の活動へとつながっていくのである。

それでは次に、筆者が考える変化に適応し、リジリエンスを高めるための項目について説明する。これはあくまでも私見であるが、筆者自身が阪神淡路大震災、東日本大震災の災害派遣、さらにはイラクやハイチの復興支援の現場での体験と米軍などから得た知見を組み合わせて考えたものである。
　①身体的健康の維持・増進
　身体面の健康度は支援者のリジリエンスに大きな影響を及ぼす。平素から適切な健康管理を行い、各種傷病は早期に治療する。また適切な栄養管理、適度な運動により体力を向上させ、身体的健康を維持・増進する。
　②生活習慣の改善
　適切な休養、とくに睡眠の確保は心身の健康にとって重要である。また飲酒および喫煙についても適量を保ち、依存を防止して、全体としての生活習慣の改善を図る。
　③良好な人間関係の構築
　リジリエンスを個で完結するものととらえるのではなく、他者との関係性において理解し、職員相互の支援を確保する。各種ストレス対処においては、周囲からの支援や情報提供がきわめて重要である。そのため普段から、組織内に良好な人間関係を構築しておく必要がある。合わせて家庭内の関係も重要である。平素から家庭内のコミュニケーションを積極的に保ち、良好な家庭環境を構築する。
　④使命感
　米軍ではスピリチュアルな要因として取り上げられる項目である。それには信仰、信念、そして重要な価値観などがあり、それらは人が人生を送っていくうえでの拠りどころとなる。米軍の場合、信仰がその中心に据えられているが、わが国の場合、スピリチュアルな要因には、高い使命感をもつことがしっくりくるように思われる。平素から支援者としての使命を自覚し、誇りをもって任務に邁進することが、多様なストレ

スに向き合うモチベーションを向上させる。

⑤教育訓練・各種準備の徹底

任務達成に対する自信の有無は、ストレス反応に大きな影響を及ぼす。そのため平素からの教育訓練や装備等の確実な準備により、任務達成に対する確固とした自信をもっておく必要がある。

⑥ストレス対処教育の徹底

最後に心理学的側面から、ストレスに関する知識、ストレス反応への気づきおよび対処スキルについて継続的な教育を実施する。この際、症状や問題を取り除くことを重視する従来の心理学的視点だけでなく、ポジティブ心理学のような新たな視点を取り入れる必要がある。ポジティブ心理学では、従来のネガティブな状態への対応から、人生をよりよくする条件の構築へと発想の転換がみられる。

以上、ここでは筆者が考える変化に適応し、リジリエンスを高めるための項目について紹介した。これらはもちろん完成されたものではなく、今後さらに検討を重ねていく必要があると考えている。

事 例

最後に筆者がこれまで実際に体験した災害現場での活動について紹介する。本章で述べた内容が、災害現場でのどのような体験をもとにしてまとめられたかについて理解していただければと考えている。

まず、筆者が初めて災害派遣に参加したのは、平成7（1995）年1月17日に発災した阪神淡路大震災であった。当時の筆者は臨床心理の方向に進む前で、戦車部隊で勤務するごく普通の自衛官であった。筆者は小部隊の指揮官として被災地に入り、生存者の捜索と救出、そして遺体の収容に従事することになった。ところが、筆者の部隊が活動した現場は火災が激しかった地域で、到着直後から遺体の収容を行うことになっ

た。筆者は今でもその時初めて見た焼死体に強い衝撃を受けたことを覚えている。筆者の部下も同様にショックを受けており、その日の活動終了後に狭いテントの中で「ひどかった」「気持ち悪かった」などと呟く声が聞こえていた。その時筆者は「不謹慎なことを言うな」と彼らの口を閉ざすような指示をしてしまった。支援者支援の観点から振り返ると、当時の筆者は実に不適切な対応をしていたことがわかる。おそらく筆者には、被災者に対して不謹慎であるという思いの他に、昼間に見た悲惨な現場を思い出したくないという気持ちがあったのだと思う。当時の筆者は専門知識をまったくもっていなかったし、組織もまた隊員のメンタルヘルスに関する視点をほとんどもっていなかったのである。

　しかし、阪神淡路大震災をはじめとする災害派遣や、その後の海外派遣の現場における活動を通して、陸上自衛隊は組織として惨事ストレス対処の重要性を認識し、その対処に力を入れてきた。そして、筆者自身もその過程でさまざまな経験を積み重ねてきた。

　そして平成23（2011）年3月11日東日本大震災が発災し、筆者は災害派遣部隊を支援するためにメンタルヘルスチームのリーダーとして被災地に派遣されることになった。チームは被災地で活動するすべての部隊を巡回し、専門的立場から相談、教育、助言などを行った。過酷な環境の中で活動する部隊は、さまざまなストレスを受けながらも力強く活動していた。

　そのような部隊に対して筆者らのメンタルヘルスチームが伝えたのは、まず計画的に休息をとることであった。災害支援者は被災者を目の前にすると、どうしても自己犠牲的に無理をしてしまいやすい。しかし、支援者がプロとして役割を果たすためには適切な休養をとり、安定した活動を継続する必要がある。

　そして次に伝えたのは、部隊内における情報共有を確実に行うことであった。すでに述べたように、リジリエンスは個で完結するものではなく、他者とのつながりにおいて理解すべきものである。厳しい環境の中

で長期間活動するためには、個々の隊員が有機的につながりあってさまざまな情報が共有されている必要があるのだ。

　実は筆者らのメンタルヘルスチームもまた、被災地での活動を通して災害支援者としてのストレスと向き合ってきた。余震が続く過酷な現場で活動する部隊に対して、少人数のチームでメンタルヘルス支援を行うことは、時に焼け石に水をかけるような無力感を抱かせる。現場で活動する隊員は過覚醒状態にあることが多く、メンタルヘルス支援に対して反発することもある。メンタルヘルスチームはこのような災害支援者特有の心理状態を理解したうえで支援を行う必要がある。

　チームでは毎日の活動終了後に、メンバー全員で車座に座り、1日の活動について振り返り、チーム内での情報共有を図るとともに相互のつながりを確認した。

　ミーティングでは話しやすい雰囲気作りに努め、活動内容、体調、困りごと、意見具申などについて相互に話し合えるようにした。メンタルヘルス支援を行う支援者自身も生身の人間であり、過酷な災害現場ではこころや体にさまざまな影響が現れるのが自然である。われわれはメンタルヘルスの専門家であるからこそ、みずからの限界をよく理解したうえで任務に向き合う必要があるのだと思っている。

おわりに

　本章では、救援活動後のケアについて考えてきた。しかし、それは単に活動終了後の休養としての意味をもつのではなく、事前の準備、救援活動、活動終了後の整備、そして再び事前の準備へと循環する、一連のプロセスであるということがわかった。

　活動終了後のケアに焦点を当てることが、環境の変化という、より本質的な問題の存在に気づかせてくれた。すでに繰り返されてきたように、特殊な状況における特殊なメンタルヘルス対策が存在するわけでは

ない。災害支援者は災害現場の過酷な環境下においても、混乱することなくその環境に適応し、いつもどおりに本来の力を発揮することが求められる。

そのためには、いつ起きるかわからない大規模災害も、決して特別なものではなく、想定内のこととして自然体で向き合えるように、普段から地道な努力を積み重ねておくことが重要である。そしてわれわれ災害支援者が最も大きく成長する機会は、実際の災害現場での活動の中にこそあることを忘れてはならない。現場の過酷な環境の中で、困難な問題に向き合った時、本当の力が試されるのだ。

そして、そこで得た体験を整理し、心身のメンテナンスを行い、支援者としての成長に結びつけるために、活動終了後のケアはきわめて重要な意味をもつのである。

〔文　献〕
（1）藤原俊通『組織で活かすカウンセリング―「つながり」で支える心理援助の技術』金剛出版、2013年
（2）長尾恭子「戦闘と作戦における Behavioral Health（4）」『防衛衛生』別冊技術シリーズ No.220、2016年

トモダチ作戦

　東日本大震災直後に、在日米軍5万人のうち約2万人が被災地に派遣されて、トモダチ作戦を展開したことは広く知られている。

　その中であまり多くの人が知らないエピソードがある。私は一度テレビのニュース番組で目にしただけなので、記憶は不確かであるのだが、今も鮮明な印象を抱いている（反米軍感情の強いわが国のマスコミはこのニュースを大々的に報じなかったのかもしれない）。

　3月末に米海兵隊員たちが被災県の、ある学校に出向いて、講堂、教室、校庭の掃除を始めた。新学期に備えて、学校の整備を手伝ったのだ。

　さて、掃除が終わると、海兵隊員たちは早速、皆で校庭に出て、地元の子どもたちと野球を始めた。バットやグローブは海兵隊員たちが持参してきた。子どもたちは大喜びだ。大きな米兵たちは、まるで大リーグの選手のように見えたのだろう。子どもたちは歓声を上げ、大声で笑い、校庭を駆け回る。周りで見ていた母親たちは涙ぐんでいる。「震災以来、子どもたちがこんなに嬉しそうにしているのを初めて見ました」というのだ。

　子どもが災害弱者であることは、私も承知している。しかし、このような形で子どもを励ますというのは、私の発想にはなかった。子どもにとっては、当たり前の日常をできる限り早い時期に回復することが、最大の激励になるのだろう。

　東日本大震災では、米国から多くの支援があった。知り合いのアメリカ人に会うと、私はその御礼を述べるとともに、この海兵隊員と被災地の子どもたちの野球のエピソードを添えることにしている。すると、アメリカ人は必ずといってよいほど「それこそがまさにアメリカ人にとっての野球なんだ」と答えてくる。彼らにとっては、野球はまさしく平和の象徴だというのだ。戦争が終わって、焼け野原で、兵士がまず始めるのも野球だという。ぜひ「American soldiers」「baseball」のキーワードでインターネット検索してみてほしい。焼け跡で早速野球を始めている米兵のたくさんの写真が見つかるはずだ。

（高橋祥友）

第9章
災害支援者に対するフォローアップ

高橋　晶

はじめに

　前の3章で救援活動前の準備、救援活動中と後のケアについては詳細に報告された。本章ではその後のフォローアップについて記していきたい。

　フォローアップとは、ある事柄を徹底させるために後々まで面倒をみたり、追跡調査をしたりすることである。活動終了後のケアについては前章で述べているが、その後のフォローアップの時期として、活動終了直後、数ヵ月後、1年後が考えられる。時期については後に触れる。

　基本的なケア・体制としては、①救援隊員や職員などの個人を対象としたケア、②部長・課長などの管理監督者が直属の部下に個別の指導・相談をしたり職場環境改善を行うラインケア、③各組織としてのフォローアップ体制、が考えられる。組織のサポート体制によっては、活動終了直後にサポート・フォローアップも終了することがあるが、可能な限りその後に起こる対象者の反応を見続けていくことが重要である。

　また、救援活動が終わってその影響が薄れる場合もあれば、色濃く残

る場合もある。あるいは、徐々に救援活動のストレスが減弱し、平時の職場におけるメンタルヘルスの問題が前景に立つ時期がくる。その時に、時期のつなぎ目なくフォローアップしていけることが、災害派遣から平時までを包括した職員のメンタルヘルスの観点からも重要であると考える。災害のサイクルでは、フォローアップをしている時期に次の災害や有事に備えることになる点も大切である。

派遣からフォローアップまで

　派遣からフォローアップまでの流れは以下のように考える。

　派遣前に、可能であれば対象者への事前教育やスクリーニングなどのリスク評価を行ってもよいであろう。事前教育の実施や、スクリーニングとしてK6（第6章参照）などを実施し、各施設で設定した基準値を超えた者に対して、相談の促しやフィードバックを行う。基準値以下であっても、面接希望者がいれば対応する。必要があれば、組織の支援体制に応じて、個人情報を考慮したうえで担当上司に相談することもある。担当部署に結果の概要を報告する場合は、個人情報は除外するといったように、産業ストレスチェックなど平時の各企業体・組織での対応に準じた、もしくは考慮した形での対応・相談を行う。詳細は第6章で記されている。

　事後スクリーニングとしては、K6、あるいはPTSD評価尺度のIES-R（Impact of Event Scale-Revised：改訂出来事インパクト尺度日本語版）[13]などを実施する。事前スクリーニングと同様に、各施設で設定した基準値を超えた者に対して、相談の促しやフィードバックを行う。基準値以下であっても面接希望者がいれば、その対応を行う。何らかの理由があって面接を希望しているので、この対応は重要と考える。必要があれば、組織の支援体制に応じて担当上司へ相談し、個人情報に関しては同様に配慮する。事後フォローアップとしては、ハイリスク者に相

談を促し、希望した者に対してメンタルヘルスの専門家が面接を行うことが望ましい。

実施上の検討点としては、活動終了後の対象者を確実にフォローアップするためのルールやシステムづくり、数ヵ月後のフォローアップ調査をどのように計画するかの詳細を事前に決めておくとよい。もちろん、災害活動後の状態に応じて臨機応変に対応することも必要である。

平常業務への復帰については、米国疾病予防管理センター（Centers for Disease Control and Prevention：CDC）では、災害支援者のおよそ3分の1が復帰直後に抑うつを報告すると見積もっている。さらに、半数以上が復帰後、抑うつと言えないまでも顕著な否定的感情を報告している。[10]

一般的に、「大丈夫ですか？」と質問すると、具合が悪くても「大丈夫です」と答えることが多く、口頭での質問だけでは問題が明確にならないことも多い。抑うつ、PTSD、アルコールの問題などをもつ人が潜んでいる可能性があるので、きちんと質問紙を使用してリスクを評価するとよい。

一つの例であるが、前述のK6、IES-R、アルコール依存症のスクリーニングテストであるCAGE[14]を使用し、客観的に評価判断することも必要である。これらの質問紙はとりっぱなしにすることなく、次につなげるために個人情報に配慮したうえで管理・集積し、また具合の悪い人が明らかになった場合は、速やかにメンタルヘルスの専門家につなげることを考える。

フォローアップの期間

基本的な対応は災害後の対応と変わらないが、中・長期のフォローアップにおいて注意すべき点もある。

1、3、6、12、15、24、36ヵ月ごとといったように、定期的に行う

ことが望ましいが、実際には組織のニーズが多様であることやあまり頻回に行うと組織への負担になること、フォローアップをしている側も少人数で対応をしていることがあり、負担増になりすぎないよう、最初の時点からフォローアップ体制を考慮する必要がある。負担が増えすぎるとフォローアップ自体が長続きしなくなることもあるので、それぞれの組織に合わせた回数が望ましい。

　災害時には勢いでフォローアップの実施を決める組織もあるが、実際は半年から数年かかることもあるので、フォローアップする側の体制も考慮する。数年経つとフォローアップ体制が変わったり、関係者が異動になったりすることがあり、その時点で終了することも散見される。

　フォローアップの期間は時に難しい問題である。救援活動から時間が経つほど、最初のトラウマ体験以外のさまざまな要因、災害後の影響や平時の問題などが追加される。フォローアップが必要な対象者も、配置転換などでフォローアップが難しくなる。

　遷延性悲嘆障害（第4章参照）という概念を考えてみると、トラウマ体験の後に何らかの精神的な反応が現れることは病的ではなく正常な反応であり、時間経過とともにその反応は減少していくことが多い。しかし、6ヵ月を経過した時点でも明らかに病的な症状を呈して、以前の適応状態に戻っていない場合、治療の対象になるとボナーノはいう[1]。まずは、活動終了直後、1ヵ月後、3ヵ月後、6ヵ月後をフォローアップの目安と考える。とくに活動終了直後と6ヵ月後に実施し、あとは組織において現実的な観点でフォローアップを考慮するのがよい。

　フォローアップが終了する時点で、その後の問題に気づいたらいつでも相談できる体制が整備できていることが理想であるが、難しい場合は、具体的な組織外の専門機関の連絡先を伝えることが望ましい[8]。必要に応じて、可能であれば12、24ヵ月程度の期間延長を検討し、対象者と組織双方の負担を考慮して、全体を俯瞰してメンタルヘルスマネジメントをする職員がいることが望まれる。また、こういう職員を育成してお

くことも重要である。

ねぎらいが大切

　ねぎらいとは、相手の苦労したことをいたわることである。このねぎらいをすることによって、ストレスが変動することもある。東日本大震災における自衛隊による災害派遣活動を、被災者や国民が評価し、賛辞を送ったことがある。東日本大震災における自衛隊員は、任務に対する使命感や仲間との信頼感、自衛官としての任務に従事する充実感、感謝してくれた人々への誠意に溢れていたという。

　逆に、誹謗中傷、すなわち根拠のない悪口や嫌がらせにより他人の名誉を汚す行為も大きく影響する。東日本大震災後の東京電力福島原発職員の調査では、誹謗中傷を体験した者は、そうでない者と比べて、2、3ヵ月後のメンタルヘルスの不調が2～3倍出やすかったと報告されている[5]。感謝やねぎらいがあると支援者の支援への意欲が増すが、逆に誹謗中傷があると支援者はメンタルヘルスの不調をきたす。また、任務意識や誇りをもつことが災害派遣時のこころの不調を緩和させることが示されている[3]。

家族への援助

　災害にかかわる支援者はその仕事上、自分の家族よりも業務を優先しなければならない場合がある。家族も理解してはいるものの、内心は穏やかでないことも多い。

　宿舎などで共同のコミュニティで暮らす組織の場合は、隊長（組織長）の妻が、他の隊員の妻や家族に声かけをして、家族が孤独にならないよう工夫することがある。また危険な業務である場合、情報や不安な気持ちを共有している組織もある。長期の派遣で、不安が増したり、隊

員不在時に家族内の役割負担が増加したり、家族間で溝ができていることもあり、家族のこころが傷ついていることもある。家族は重要な隊員のサポーターである。この大事なサポーターを支援することで、隊員のメンタルヘルスを守ることになる（第12章参照）。

このような自分自身を助ける自助、ともに助け合う共助も重要である。支援者だけでなく、その家族へのフォローアップを行うことも大切である。家族が元気になれば、本人も元気になるし、その逆もしかりである。

こころの防災教育──自分を知る、自分の限界を知る

自身の限界を知り、与えられた役割の限界を知ること、すなわち自分と向き合うことは、災害時だけでなく支援終了後や平時にも重要である。

通常の業務に復帰していても、ふとした時や、災害を思い出すような映像や話を見聞きした時に、災害時の感情が突然湧き上がってくることがある。災害支援活動時には、一人ではなく複数で対応することが基本であるが、支援活動終了後も同僚と話し合える環境や相談できる環境を所属組織が用意するか、ない場合は自分で用意する。

災害後に自分に起こる事象を、自分の運転する車のスピードメーターのように把握して、自分のこころのスピードが自分の想定した速度内であるか、それ以上に興奮して加速しているか、または落胆してスピードが落ちているかを自分自身で観察する「見える化」の意識も重要である。

救援活動前後からフォローアップ、次の災害への準備

フォローアップの時期は、次の災害支援に対しての準備時期にも当た

る。フォローアップと同時に教育・訓練も、救援活動前の準備として災害時の支援経験をもとに次の災害支援に活かすことが大事である。

たとえば、派遣後に1日でも休日をとることは活動後の緊張を低減させてくれる効果がある。しかし、派遣活動後すぐにもとの業務に戻るように指示するなど、支援者支援に関して上司の理解が乏しい場合、派遣隊員・職員に抑うつや躁状態、もとの職場への再適応の問題が出ることが散見される。こういうことがないように、フォローアップでは、前回の災害派遣活動で対応できなかった点は、管理職への教育や普段の職員への啓発活動の中で取り上げていくことも必要と思われる。腹式呼吸などのストレスマネジメントを普段から習慣づけておく研修などを行ってもよいと考える。

繰り返しになるが、フォローアップの時期は次の災害への準備時期である。この時期には、災害サイクルでは次の災害への備え、準備を行うことになる。平時からリジリエンスを支える因子をよい状態にするこころのメンテナンスを、個人や組織で行うところもある。呼吸法やマインドフルネス（気づき）のトレーニングを導入する大企業が増えている昨今、これらのトレーニングを行い、平時のこころの状態を安定させることで次の災害に備えていくことも、次世代の支援者支援の一つの形と考える。

われわれは、いくつかの災害における支援者の継続フォローアップを担当しているが、行政職員でも遅発性の反応がある。たとえば、災害後、所属部署での対応に追われて慌ただしく過ごしていたが、1年後に異動があり、比較的時間にゆとりのある部署に移った。そこではゆったりと仕事ができていた。それまでは忙しい環境で、災害のことを想起しないようにしていた。しかし自分と向き合った時に、荷下ろしをしたかのように、スケープゴートとして市民から言われた誹謗中傷、人格を否定される数々の言動をフラッシュバックのように思い出し、遅発性にPTSDを発症した例もある。

また、幼少期に大規模震災で被災し、その後成人になってからフラッシュバックが起こり、PTSDの治療が必要になった例も耳にした。全体の被災者数からすると決して多くはないが、幼少時は言語化ができずに表出できなかった事象が、成人になってから惹起されて症状となり、PTSDを発症した例があった。こころの古傷が、何らかの映像や会話などそれを思い起こさせる事柄に直面して反応し、遅発性に発症する可能性があるのだ。

　また隊員の中には、与えられた任務を遂行するために、もしくは想定していなかった任務を遂行するために、過酷な環境下の強いストレスの中で、相当な無理をして活動している者も存在するということである。強い緊張感から解放されて、燃え尽きの症状が出現したり、気分が異常に高揚したり、不眠や抑うつなどの不調が一気に現れ、その後そのままもとの職場に適応するまでに時間がかかる。時にそのような状態で活動を継続していると、もとの職場で不適応を起こし、退職につながる例もある。災害支援に大変強い意義を感じて従事していた場合、今まで普通に行っていたもとの仕事をつまらなく感じたり、関心が災害に向かってしまい、もとの業務への情熱が消えてしまったりすると、上司・同僚との不協和が生じ、異動や離職が起こりやすい。

　時に家族に対しても同様の傾向がある例も散見する。長期の業務で家を離れる場合、留守を守る妻もしくは夫に多くの負担が結果的にかかり、かろうじて対応できていたが、支援活動が終了してもその点に配慮がなく、口論になったり、すれ違いが起こったりする。その結果、家族の間に深い溝ができ、修復が困難になり、家族のサポートが得られなくなった隊員が心身の不調をきたすこともある。何が災害時に起きていたか、何が大変であったのかを相互に語り合い、災害支援への温度差をクールダウンさせていき、つらい体験を共有し、日常の生活に適応しながらそれを再構築していくことが望まれる。

　その中で適応力を高めるために必要なこととして、8つの要因が挙げ

られる（第8章参照）。基本的な適応力を高めるためには、日々行っていた良い習慣を継続し、悪い生活習慣をやめることに尽きると考える。その結果、心身ともに調整され、次の災害に対して準備を行うということになると思われる。

　訓練も繰り返し経験していると、本当に災害が起きた時に比較的スムーズに対応できたということを耳にする。これは、アスリートが何の準備もせずに好成績を残しているのではなく、考えられるあらゆる状況に対応できるよう厳しいトレーニングを行い、すべてに対して準備ができているから素晴らしい成績を残せることと同じである。その意味では、質の高い訓練を繰り返し体験することも、ある意味フォローアップ、次の災害への準備になり、高いモチベーションを維持するためにも重要と考える。

各組織におけるフォローアップ例

　ここでは、各組織が実際にどのようなフォローアップをしているか、文献的に検索した。その中からみえてくるフォローアップの体制について述べたい。

(1) 自衛隊のフォローアップ例

　東日本大震災後に実施された自衛隊員の惨事ストレス対策において、長期のフォローアップを行っている。これは、災害派遣に伴うこころの不調は長期間を経て顕在化することがあるため、派遣終了後1ヵ月、6ヵ月、12ヵ月の3回にわたり、自記式心理検査による組織的なスクリーニングを実施するものである。基準値を超えた隊員は、まず上司などと面談し、必要に応じて臨床心理士などのカウンセラーや医療機関に紹介する体制がとられた。[6][11]

(2) **警察におけるフォローアップ例**

　警察においてもフォローアップ体制がとられている。東日本大震災での警察職員の惨事ストレス調査の報告がある。これによると、被災から1～2ヵ月後の2011年4～5月に、被災3県の警察職員7750名から有効回答を得た調査では、講話を聴講した職員の7.6％が惨事ストレスのハイリスク状態であった。個別面接では、食欲不振、飲酒量の増加、不眠、悪夢などがみられた。それから1年後の2012年にも調査が行われ、同被災3県の警察職員9847名から有効回答を得た。その結果、4.1％の職員が惨事ストレスのハイリスク状態であり、警察の厚生課がハイリスクの職員に面接を行った。

　また、とくにハイリスク者が多かった福島県の沿岸部を含む浜通り地域に勤務していた179名の職員を対象に、震災から約1年半後の2012年9～10月にストレス調査を行っている。最も大変であった災害対策業務を聞いたところ、行方不明者の捜索、検視・遺体見分、救出・救助が約6割を占めた。また強いストレスを感じた体験は、放射能被曝の危険、同僚等の殉職、凄惨な遺体の扱い、自分に及んだ危険が多く挙げられた。

　災害対策業務後に行ったストレス対処としては、上司や同僚との会話、睡眠や休養、家族との会話を5割以上の者が挙げた。また対策に必要なものとしては、積極的な休暇取得を8割の者が挙げ、家族への支援を半数の者が挙げていた。

　また警視庁では、惨事ストレスマニュアルを作成し、日頃の教育用に読み原稿つきのパワーポイント資料、スクリーニング用紙、職員・幹部職員・家族に向けた資料などを作成する試みが行われている[2]。

　警察のフォローアップ調査によれば、経年変化で惨事ストレスの割合は減ってくるが、実態を明確にすることでハイリスク者への対応がより可能になる。また平時からのマニュアル作成、ストレス対応についても、次の災害に対してより実践的な備えをしている。

(3) 自治体職員のフォローアップ例

　吉川らによる東日本大震災復興支援で派遣された自治体職員のメンタルヘルスに関する調査報告の中に、派遣終了後の影響について記載がある。中・長期間の派遣職員は全体としては精神的健康度が良好であったが、少数ではあるが精神的健康度が非常に不調の者がみられた。孤立感、無力感、自責感、ワークエンゲイジメント（従業員のこころの健康度を示すもので、主体的に仕事に取り組んでいる心理状態）の低さをもつ傾向があり、このような状況にある職員への積極的援助の必要性が説かれている。[12]

　われわれは2015年の常総市水害の際、災害初期から日本赤十字こころのケアチームとともに自治体職員に対して支援者支援を行った。1年以上経過した中で、市民はいまだ、大雨や台風に敏感になりやすく、抑うつ、ストレス反応がある。[7]全体的には改善傾向であるが、自治体職員にも同様の反応が出ることがあり、現在もフォローアップしている。

　以上2つのケースから、自治体職員は、派遣される場合も、被災地の職員として活動する場合も、ストレスが高いことが考えられる。実際にさまざまな怒りが自治体職員に向かうことがあり、その結果、強いストレスにさらされ、時に強い反応が出現したり、残存したりするケースがあると考えられる。支援者支援の観点からは、自治体職員のメンタルヘルスを保つことが被災時の体制維持には欠かせないので、この点も災害初期から対応することが望ましいと考える。

(4) 緊急援助隊のフォローアップ例

　2013年に台風30号の被害でフィリピンに国際緊急援助隊が派遣された時の報告では、帰国後にストレス対策を受けた隊員は決して多くはなかった。この時には、帰国1ヵ月後にアンケートによるメンタルヘルスチェックが行われている。国際協力機構の緊急援助隊事務局から関連する他施設が依頼を受けて実施した。この時には高リスク者は現れなかっ

た。この災害ではさまざまな組織から隊員が派遣されており、一律にストレス対策を行うことが難しい状況であった。このような場合は、関係機関が依頼・協力してメンタルヘルスチェックを行うなどの必要性があるように思われた。

(5) 企業におけるフォローアップ例

　震災後の企業で実施した心理調査に関して、種市は被災3県の8事業所に訪問し、調査と面接を行っている。その報告の中で、地域差が大きく従業員間の個人差・温度差があることや、「非常時」の名のもとで過重労働があること、震災前からの過度な業務負担が顕在化すること、災害後の会社の支援体制や上司のリーダーシップが重要であることを指摘している。これはそのまま、被災地の行政職に当てはまると考える。

　われわれが以前関東・東北豪雨における災害精神医療の対応をした時に、災害時の支援者の中でも大きな役割を果たす行政職員がこれと同様の状態にあったことを記憶している。すなわち、災害ストレスと平時の産業ストレスでは、初期の段階では災害ストレスが強いが、もともとの産業ストレスが重なり、それが顕在化していくということが散見された。また、災害時における企業の支援体制や上司のリーダーシップが、その後のストレスに影響を与えていることも見受けられた。

おわりに

　本章では災害支援活動後のフォローアップについて述べた。加えてさまざまな組織のフォローアップ例に触れ、遅れて出る反応もあるため、ある程度の期間のフォローアップが必要なことを述べた。また、長期になると災害ストレスと産業ストレスが混在してくるので、両方フォローアップすることが大切であると考えている。さらに、家族のフォローやねぎらい、誹謗中傷をいかに防ぐか、誹謗中傷を受けた後の対応も重要

であると思われた。

　フォローアップの時期には、災害サイクルとしては、次の災害への準備を行うことになる。災害全体の流れを俯瞰するコントローラーとなる人が存在すること、また災害時・災害後の反応にはある程度パターンがあるので事前にフォローアップの体制を整備しておくことが、災害後の適切なフォローアップにつながり、同時に次の災害への準備になると考える。

〔文　献〕
（1）ジョージ・A・ボナーノ（高橋祥友監訳）『リジリエンス―喪失と悲嘆についての新たな視点』金剛出版、2013年
（2）藤代富広「警察における惨事ストレス対策」『トラウマティック・ストレス』11巻、141-149頁、2013年
（3）Leffler, C.T., Dembert, M.L.: Posttraumatic stress symptoms among U.S. navy divers recovering TWA flight 800. *J Nerv Ment Dis* 186: 574-577, 1998.
（4）大澤智子、大塚美菜子「国際緊急援助隊員の惨事ストレスとその影響について(2)―フィリピン緊急援助隊 帰国後メンタルヘルスチェック」『心的トラウマ研究』10号、19-30頁、2014年
（5）Shigemura, J., Tanigawa, T., Saito, I. et al.: Psychological distress in workers at the Fukushima nuclear power plants. *JAMA* 308: 667-669, 2012.
（6）清水邦夫、長峯正典「災害派遣活動に従事する自衛隊員のメンタルヘルス」『医学のあゆみ』256巻、1175-1177頁、2016年
（7）高橋晶、太刀川弘和、根本清貴他「茨城DPATができる前の活動、そして現在―常総市鬼怒川水害、熊本地震の支援の経験を通じて」『精神科救急雑誌』20巻、49-54頁、2017年
（8）高橋祥友「救援者のメンタルヘルス」高橋晶、高橋祥友編『災害精神医学入門―災害に学び、明日に備える』126-140頁、金剛出版、2015年
（9）種市康太郎「第7章　震災後の企業従業員の心理支援」災害行動科学研究会、島津明人編『災害時の健康支援―行動科学からのアプローチ』123-138頁、誠信書房、2012年
（10）富田博秋「災害支援者自身の救済」フレデリック・J・スタッダード・Jr.、アナンド・パーンディヤ、クレイグ・L・カッツ編著（富田博秋、高橋祥友、丹羽真一監訳）『災害精神医学』47-66頁、星和書店、2015年
（11）山本泰輔、角田智哉、山下吏良他「自衛隊における惨事ストレス対策―東日本大震災における災害派遣の経験から」『トラウマティック・ストレス』11巻、125-132頁、2013年
（12）吉川久史、赤澤正人、亀岡智美他「東日本大震災復興支援で派遣された自治体

職員のメンタルヘルスの調査」『心的トラウマ研究』10号、39-50頁、2014年
(13) http://www.jstss.org/topics/886.php
(14) http://www.kurihama-med.jp/alcohol/

第10章
派遣組と留守組との良好な関係

長峯正典

　ここまでの章では、主として支援者のこころのケアに焦点が当てられてきた。消防、警察、自衛隊、医療組織等、大規模災害のような緊急事態への対処を求められる組織では、全職員が災害支援に派遣されるわけではない。これらの組織は、平時においても各々が担う任務をもっている。したがって、緊急事態が生じた場合であっても、支援に派遣される人員と留守を任される人員に分かれて活動することとなる。両者は異なる業務を担い、それぞれが困難に直面する。そして、緊急事態に対する支援活動はいずれ終焉を迎え、両者は再び同じ職場で仕事に従事することとなるが、この過程において両者の関係がこじれるケースは決して稀ではない。

　筆者は陸上自衛隊の精神科医官として、東日本大震災や国連平和維持活動等の派遣隊員に対するメンタルヘルス支援に従事してきた。これらの経験も踏まえ、本章では「派遣組と留守組との良好な関係」を維持するうえで注意すべきことについて記述してみたいと思う。

派遣に際して注意すべき事項

　一般的に、大規模災害等において派遣を要請されうる組織では、緊急時にどのような態勢で人員を派遣するかはあらかじめ決められていることが多い。自然災害の多い日本においては、防災に対する意識の高まりもあり、首都直下型地震や南海トラフ地震といった大規模災害を想定し、多くの組織がそれぞれに対する防災計画を策定している。防災計画を作成するに当たり、各組織は種々の要因を考慮したうえで派遣態勢を立案している。どのような被害規模が想定されるか、求められる支援はどのような内容となるか、求められる支援に対応するためにはどのような人員がどの程度の規模で必要か、経験者は各チームに含まれているか、恒常業務を維持できる人材は残されているか等、考慮すべき事項は枚挙に暇がない。
　一方、災害派遣に対する個人の意向は多種多様である。積極的に災害派遣に出たいと願う者もいれば、できれば派遣されるのは避けたいと考える者もいる。本人は派遣を強く希望したくても、家族の状況を考えればそれができない者もいるであろう。一般的に、災害対応が任務の一つとして与えられている組織においては、災害派遣を希望する者が多い。消防、警察、自衛隊、医療ボランティアといった職員は、日頃から緊急時に備えた訓練を行っており、モチベーションも高く、緊急事態に対処することが職員のアイデンティティの一つとなっているからである。
　管理的な立場にある者は、先に述べたような組織上の要請に加え、個人の意向も考慮したうえで最終的な派遣要員を決定する。こうして選抜される派遣要員は、組織を代表して派遣されるのであり、派遣を強く希望する者だけで構成されるわけでは決してない。組織に所属する個人は、このような事情を十分に理解しておくことが求められるが、管理者もまた、このような複合的背景について職員に十分説明することが望ま

しい。派遣に対して強い希望をもちつつも残留を強いられる職員にとって、このような決定は後に大きな禍根を残しかねないからである。

派遣組が直面する困難

　大規模災害において、派遣される支援者は厳しいストレスにさらされる。彼らは人命救助という重大な責務を負い、情報が錯綜する混沌とした状況の中で迅速な対応を求められる。そのため、連続勤務による過重労働に陥りやすく、かつインフラが回復しない災害現場において不自由な生活を強いられる。また、些細な言動がマスコミに取り上げられ、非難の対象となることも大きなプレッシャーとなる。災害現場では、つねに二次災害の危険にさらされながら救助活動を行い、惨状を目撃するといったトラウマ体験にもさらされる。このような直接的トラウマ体験のみならず、被災者や亡くなられた方の遺族とのかかわりにおいて、間接的にもトラウマ体験を負う（二次的トラウマ）。
　このように、派遣組が直面する困難はとてつもなく大きく、惨事ストレスと称される。これらの甚大なストレスへの対処については第7章でくわしく述べられている。

留守組が直面する困難

　あまり注目されることはないが、緊急事態に対処する組織において、留守組が直面する困難もまたきわめて大きい。
　冒頭でも述べたように、消防、警察、自衛隊といった緊急事態対処を求められる組織は、平時においても各々が担う任務をもっている。したがって、非常事態に派遣される人員の規模が大きくなればなるほど、留守組は少ない人員で恒常業務を維持しなければならない。これらの組織では、緊急事態に対処できるよう夜勤・当直といったシフト制をとって

いるところも多い。少なくなった人員で、このようなシフト勤務を回していくだけでも大きな負担となるのである。

　さらに留守組は、これらの恒常業務に加えて新たな任務も担うこととなる。留守組は、組織における後方支援的役割を求められるからである。そのため留守組は、派遣組と日々連絡をとり、活動状況について情報共有をしなくてはならない。その過程において、任務遂行に必要な物資の要求が随時挙げられ、これらの物資を調達し、現地に輸送する作業も出てくる。また、組織に報告するために、活動状況に関する報告書も日々作成しなくてはならない。さらに、派遣が長期化する場合は、派遣要員をローテーションで回す必要が生じ、これに伴う業務も発生する。交代要員の選定、準備教育、戻ってくる要員と新たに派遣される要員の移動手段の確保等、多くの準備が必要となる。

　ちなみに陸上自衛隊では、派遣隊員が不在の間の家族ケアも行っている。詳細は第12章にて取り上げるため割愛するが、ある派遣任務においてわれわれが行った調査では、隊員の家族の心労は派遣される隊員の心労よりもはるかに大きいという結果を得ている。このような背景を考慮し、派遣組の活動状況を家族にもできるだけ発信し、家族が隊員と連絡を取り合う支援をする等、残された家族が安心して過ごせるよう努めている。こうした作業もまた、留守組が担っているのである。

　このように、留守組が直面するストレスもまた、派遣組と同様にきわめて大きいことがおわかりいただけたかと思う。続いて、派遣組が任務を終えて職場に戻るに当たり重要な作業である"クールダウン"について述べたいと思う。

派遣組が任務を終える際に求められる"クールダウン"

　災害支援活動に従事する者は、惨事ストレスと称される甚大なストレスにさらされる。そして、災害という"異常な事態"に対する正常な反

応として、支援者にはさまざまな症状が生じうる。支援者は派遣任務中、多かれ少なかれ"過覚醒"の状態となる。災害現場という特殊な状況において緊張状態が高まり、アドレナリンが多く分泌され、通常よりも高いパフォーマンスを発揮できる"緊急事態モード"になるのである。このような変化は生物学的に理にかなったものであり、特殊環境に対する適応的な変化ともいえる。しかしながら、この緊急事態モードは、短期間ならまだしも、長期間持続するとメンタルヘルス上の問題が生じてくる。さらに、派遣任務を終えてもなお緊急事態モードのまま通常任務に戻ろうとすると、周囲との間で種々のトラブルが生じうる。したがって、派遣任務を終えるに際し、緊急事態モードから通常モードへの切り替え作業が必要であり、われわれはこの作業を"クールダウン"と称している。

　クールダウンをうまく行うための方法の一つとして、同僚間での振り返りの作業がある。一般的に、先に述べたようなモードの変化は無意識のうちに行われており、支援者たちはトンネル・ビジョン（視野の狭窄化）という現象に陥っていることが多い。これは、ストレスが大きくかかる状況において、人は目先の情報のみに目を向ける傾向があり、広い視野で物事をみることが阻害される現象を述べたものである。仲間同士で派遣任務の振り返りをすることで、自分だけでは気づけなかった多くの視点に触れることができ、視野の狭窄化を解除することに役立つ。派遣任務において、うまくいった点・反省点等を総括する機会にもなり、これから通常の生活に戻ることを再確認するよい機会にもなる。

　クールダウンをうまく実践するための二つ目の手段として、派遣後休暇の確保が挙げられる。「派遣任務は終了し、これからは通常業務に戻る」と頭の中で言い聞かせても、モードの切り替えがスムーズにいかないことも多い。このような状態を打開するうえで、まとまった休暇を取得し、十分にリラックスして過ごすことが有効である。この際重要なのは、休暇だからといっていろいろと予定を入れて忙しく過ごすのではな

く、少なくとも1週間ほどは予定を入れずにのんびりと過ごすことである。東日本大震災においても、派遣後の休暇が支援者のメンタルヘルス向上に有用であり、派遣任務を終えた後、できるだけ速やかに取得することが望ましいと報告されている(2)。しかしながら、このような休暇を確保することは容易ではない。派遣された者は、各々が抱えている恒常業務を差し置いて任務に従事していたため、蓄積した恒常業務が彼らを待ち受けているからである。ゆえに、このような休暇をしっかり取得させるためには、組織的な理解と協力が不可欠であるのはいうまでもない。

クールダウンがうまくいかないと、派遣された者はさまざまな問題に直面しうる。筆者がこれまでに耳にしてきた訴えをいくつか挙げると、「周囲と仕事のリズムが合わない」「休日を楽しめる感じがしない」「派遣の話をするとウンザリされる」「派遣で成長した自分を活かせる場がない」「周囲のぬるい空気が許せない」「イライラしやすくなった」「以前より酒の量が増えた」「睡眠が十分とれない」等がある。これらは、緊急事態モードから通常モードへの切り替えがうまくいかずに生じているものと考えられるが、周囲との間でさまざまな問題を引き起こすことは想像にかたくない。また、このような状態が継続すると、うつ病・双極性障害等の深刻な状態に陥りかねない。

ちなみに他国の軍隊においては、派遣任務を終えて自国に帰還する際、別の場所で一定期間を過ごす施策を行っている組織もある。この施策は Third Location Decompression といわれており、この期間に種々の心理教育やリラクゼーション行事が実施され、メンタルヘルスを改善させる効果が報告されている(1)。

続いて、派遣任務終了後の派遣組と留守組の違いについて述べよう。

派遣任務終了後の両者の違い

派遣任務を終えた後、派遣組の人々の多くは「お疲れさま」というね

ぎらいの言葉をもって迎えられる。現場の様子や苦労話等に関心をもつ多くの人たちから話しかけられることとなる。組織の広報誌に掲載される等、マスコミで取り上げられる者もいるかもしれない。また、派遣された人たちをねぎらうための宴が催される組織も少なくないであろう。

　一方、留守組の要員は、このように華々しく取り上げられることは決してない。災害派遣の期間、派遣組と同様に厳しい環境の中で業務をこなしていたにもかかわらず。また、先に述べたとおり、派遣組は戻って早々に派遣後休暇を取得するケースが多い。同じく過重労働となっていた留守組が休暇を取得できるのは、派遣組が休暇から復帰した後になるのが通例である。このような処遇の差は、組織の背景を十分に理解していようとも、多かれ少なかれ妬みの気持ちを生じさせうる。そして、このような気持ちがこじれると、両者の間に軋轢が生じてしまう。

良好な関係を維持するための"ねぎらい"

　このような背景において、派遣組と留守組が良好な関係を維持するために何が重要であろうか？　一言でいうならば、それは両者が互いに"ねぎらい"の気持ちをもち、それを言葉で表現することであろう。

　派遣組は、災害支援任務を遂行するには、それを支える多くの人々が背後にいたということ、彼らもまた厳しいストレスにさらされていたということを、決して忘れてはならない。そして留守組は、災害支援の裏方として任務を果たしたことを誇りに思い、組織を代表して活躍した派遣組に対しても同様に、誇りの気持ちをもつべきであろう。

　とくに、管理的な立場にある者は、このような心構えを職員に対してしっかりと浸透させる必要がある。そして、派遣組は留守組に対し、「派遣期間中は少ない人数で大変だったでしょう」と声をかけ、留守組は派遣組に対して、「派遣お疲れさま、現場は大変だったでしょう」と互いにねぎらい合うとよい。管理者を含めた各職員がこのようなコミュ

ニケーションを取り合えれば、両者の関係が良好に保たれることは想像にかたくない。

　逆に、両者の配慮が欠如して関係性が悪くなり、互いに非難し合う状況に陥ると事態は最悪である。東日本大震災において、東京電力福島原発では多くの職員がメンタルヘルスに深刻な問題を抱えた。彼らもまた、災害を収束させるために懸命に働いた人々であるが、メンタルヘルスの悪化に社会的な批判や差別が大きく関与していたことが報告されている[3]。このことの裏を返せば、周囲からのねぎらいの言葉は、働く人々のメンタルヘルスを支えるといえる。なお、第12章でも取り上げられるように、本章で述べた「留守組」には派遣隊員の家族も含まれることはいうまでもない。

おわりに

　本章では、「派遣組と留守組との良好な関係」について、いくつか注意すべき点を述べた。自然災害の多いこの国において、大規模災害は今後も生じるであろう。災害支援を担う組織において、派遣組と留守組が良好な関係を維持することは重要な課題の一つである。組織が力を最大限に発揮するうえで、良好な人間関係を欠かすことはできない。

〔文　献〕
（1）Jones, N., Jones, M., Fear, N.T. et al.: Can mental health and readjustment be improved in UK military personnel by a brief period of structured postdeployment rest (third location decompression)? *Occup Environ Med* 70: 439-445, 2013.
（2）Nagamine, M., Yamamoto, T., Shigemura, J. et al.: The psychological impact of the Great East Japan Earthquake on Japan ground self-defense force personnel: a three wave one-year longitudinal study. *Psychiatry* 27: 1-9, 2018.
（3）Shigemura, J., Tanigawa, T., Saito, I. et al.: Psychological distress in workers at the Fukushima nuclear power plants. *JAMA* 308: 667-669, 2012.

第11章
さまざまな職種における災害支援者支援

高橋 晶

　支援者支援の基本的な構造は、他の職種であっても原則的には変わらず、その基本に各業種（occupation）ごとの特徴、対象者への配慮を加えていく。まさに「All hazard・All occupation 支援者支援」である。職種ごと・災害の種類ごとに対応を分けてしまうと、違う職種・違う状況だからこの技法が使えないということが起こるが、基本的なコアの対策があり、それを各職種に当てはめるというほうが、より広く、簡単に使用されるのではないかと思う。まず基本があり、そこに各職種、災害の差異・特殊性に応じて対応を付加していくのであれば、災害初期から災害支援者支援の開始の旗を揚げやすくなるだろう。

　本章では、支援者支援の基本的な構造に触れたあと、いくつかの職種の支援者支援について述べる。なお、自衛隊についてはこれまでの章で詳細に取り上げられているため、それ以外の職種について記載する。

支援者支援の基本的な構造

　惨事ストレス対策の基本的な考え方としては、災害時に自分に起こる反応を事前に知っておくこと、もしくは活動までの間に知識を入れるこ

と、組織的に職員を守るよう管理職が惨事ストレスを正しく理解することが重要である。とくに職員が被災者でありながら業務をすることや、被災者の悲しみや怒りを受け止めなければならないことは、とてもつらい体験になることがある。

悲惨な光景の目撃、遺体とのかかわり、命の危険を伴った活動、極度の不安・緊張、自分・家族の死を想起させる事象、同僚の負傷や殉職によるサバイバーズ・ギルト、トリアージによる罪悪感、住民や報道関係者からの注目なども惨事ストレスの原因になる。遺体とのかかわりによるストレスでは、遺体や遺留品に感情移入してしまうことや、消臭剤を使用するため、その匂いへの嫌悪感、嘔気、嘔吐、食欲低下などの反応が生じることがある。

災害時・災害後によく耳にするのは、十分な活躍をしているにもかかわらず、役に立てなくて申し訳ないという自責の念にかられることや、さまざまなつらい出来事に反応して感情が抑えられなくなったり、その逆にうまく感情が表出できなくなったりするといったことである。また、緊張しているので眠れない、寝ていても眠りが浅く、起きても疲労が回復しない、もしくは災害対応後、心身ともに調子を崩してしまうことが多い。穏やかな人が怒りっぽくなったり、上司をやみくもに批判したり、といった普段はみられない行動が現れることもある。十分な休養、そして上司からの「よくやってくれた」などのねぎらいの言葉やサポート、家族や仲間からの励まし・ねぎらい・サポートが大変重要である。

うつ病、PTSD、アルコール依存などの災害にともなう病気への罹患を防ぎ、上司・同僚からのフォローや必要に応じてスクリーニングを行い、ハイリスク者を、発症させない、もしくは発症したら早めに専門家への相談・治療・対応の必要の有無を確認する。

①組織としての対応、②ラインケア（職員同士の支援）、③職員個人の対応を考える。①労務管理として、また組織が職員個人を守ることが

必要不可欠であるという基本項目を平時から（災害時からでも構わない）組織で決定、運用するシステム構築が大切である。また、惨事ストレスに関する情報を職員に提供し、メンタルヘルスに関する啓発を行う。管理者は部下の状態を把握し、声かけをして、しっかり耳を傾けて聞くことが大事である。時に上司からの片側通行の会話になることがある。これは指示命令系統としてもちろんやむをえないこともあるが、支援者支援のモードでは「心配しているから話を聞かせてほしい」など上司から部下に聞く姿勢、聞く態度が求められる。時に部下のために30分程度の時間をとってしっかり話を聞くことが必要な時もある。上司が休まないと部下が休めないことや、上司が支援者支援の重要性を理解していないと、災害時にはそれが行われないであろうし、平時の体制整備も不十分であろう。このような場合は、平時、災害時ともに、管理者に対しての支援者支援のミニレクチャーなどを行い、理解を深める。これが最終的には退職者を減らすことになり、チーム・組織の絆を強め、こころの防御力をアップすることになると知ってもらう。支援者支援のスイッチを入れるのは管理職である。このような対応ができてくると、結果的には快適な職場作りにも寄与するだろう。②同僚同士で、お互いを助け合うバディシステムのように、それぞれがサポートし合う訓練をしておく。災害支援後にお互い助け合うことをしてもよい。③セルフケアとして、惨事ストレスを正しく理解し、もし兆候があるのであれば自分から支援を求める。それが難しい場合は、信頼できるバディに聞いて助けを求めてもよい。

　ストレス・メンタルヘルスの基礎知識や認知症・精神障害の基礎知識、自殺予防の観点など、災害時から平時の問題にかかわる広い範囲の講義があると望ましい。また、職員の家族への周知や教育も重要である。職員にとって家族との時間はストレス解消になるが、その反面、職員のストレスが家族に影響を与えることがある。パンフレットなどを作成して家族に惨事ストレスについて説明する機会を作ることも有用であ

る。職員のこころが傷ついている時は、家族も傷ついていることが多いからである。

消防における支援者支援

　総務省消防庁が製作している『すぐに役立つ消防職員の安全衛生活動』(13)では、「公務災害の現状と原因」「安全管理の基本と体制整備」「安全衛生活動への取り組み」と大項目が並び、それに続く章立てで、「メンタルヘルス体制への取り組み」「日頃の健康管理」に関して20頁中9頁が割かれている。メンタルヘルスを含む健康管理が重要であることは認識されており、消防学校でのカリキュラムにも精神障害やメンタルヘルスの授業が含まれている。また卒業して実際に勤務しても、消防庁ではメンタルヘルス体制が体系化され、平時のサポートや緊急時メンタルサポートチームがある。緊急時メンタルサポートチームは、災害現場で活躍する消防職員が受ける精神的ショックやストレスの緩和を目的とし、グループミーティングの進行や消防本部への助言および情報の提供等の活動を行う、精神科医や臨床心理士などで構成された専門家チームである。ただ、各県・市町村を見てみると、そのレベルでのメンタルヘルス体制が整備されているところは決して多くない。これは海外でも同じ傾向で、現場の対応が終わるまでは休めない雰囲気で、以前はそれこそ火消しを終えるまでは水も口にしないし、不休で対応する時代もあったという。今はさすがに水分補給していると管理者は話すが、自分の体をはって市民を助ける精神にはこころから感謝したい。ただ、なかなか休みを取りにくい職種ではあり、また泣き言を言いにくいとの声もあった。筆者が9・11米国同時多発テロ事件後に調査に行った時に、アメリカの消防士が同じことを話してくれた。国主導で行われているテロ後の体とこころのプログラムとしてのWTCP (The World Trade Center Program：世界貿易センタープログラム) には15年経った今でも新患が

来る。退職したばかりのある消防士は「周りの目もあって、現役時代にはとても来られなかった」と言うが、いまだにこのような人が後を絶たない。消防士は、他者への強い配慮がある一方、自身のケアについて、特にメンタルヘルスケアに関しては、所属組織によってはまだ対応が十分とは言えないのが現状である。

現場で、簡単なものでもよいので支援マニュアルを策定すること、平時から精神科医や臨床心理士（公認心理師）などの専門家と連携をしておくことが大事である。茨城県立こころの医療センターでは、3ヵ月に1回、県・県立中央病院の救急などの身体の医師、精神科の医師、医療職、警察、消防、県内医療機関が集まり、救急搬送などで困った事案を消防・救急救命士からプレゼンテーションしてもらい、多職種で意見を出し合っている。このような体とこころの職種の連携会議が、消防への教育や平時の相談につながっていく。やはり、同じ場所で顔を合わせて会話を交わす平時の仲間作りが何より重要である。最近は職場でのストレスチェックが必須になっているので、その対応に関して専門家の意見を普段から聞ける関係性を作ることもできる。

災害精神医学の第一人者である兵庫県こころのケアセンターの加藤寛先生は、著書の中で、阪神淡路大震災における消防士の活動、惨事ストレスとその理解、救援者を救う方法を記している。惨事ストレス対策の基本を「惨事ストレスを理解する」「心身の反応を理解する」「職場として対策を考える」としている。職場が職員を守るという姿勢を明確にし、事前に教育・研修を行い、チームワークを高め、事実の把握と情報公開を行う。現場では、交代体制の徹底、体力と集中力を維持するために、水分・食料の摂取、休憩場所の確保と休憩をとること、活動後に活動内容・状況を共有すること、また原則を「害を与えない、それ以上傷つけない」とし、リーダーは影響を受けた職員の把握と自身のケアを行い、同僚はお互いに配慮し合い、ハイリスク者に声かけを行うことを挙げている。時に殉職などの衝撃的な事件が身内に起こることがある。警

察官の殉職も多いが、消防士の殉職も多い。当然その影響を受け、職場、家族、関係者にもストレスが高まる。必要に応じて面談を行う必要があるだろう。

　スクリーニングに関しては、改訂出来事インパクト尺度日本語版（Impact of Event Scale-Revised：IES-R）などがよく使用される。カットオフポイントは合計得点の24／25とされているが、これはあくまでスクリーニング、または診断補助のためであり、臨床面接による診断に代わるものではないと明記されている。時にこの数値が一人歩きしてPTSDがとんでもなく多いデータになっていることもあるので注意が必要である。IES-Rの点数が高く、また日常と違う反応（たとえば、明らかに眠れていない、サポートが不足している、普段と様子が違う、視線を合わせようとしないなど）があれば、必要に応じて専門家に相談する。本人が否定する場合は、受診に同行する必要もあるだろう。こころが傷ついた人は「助けて」の声をあげられないことを知り、お節介になってしまうこともあるかもしれないが、場合によってはちょっとのお節介は仕方がないこともある。野球にたとえると、「声をかけるなどの空振りはいいが、声かけしない見逃しは困る」とはよくいったものである。

警察における支援者支援

　警察組織において惨事ストレスに関する初めての調査が行われたのは1995年の阪神淡路大震災で、発災から半年後の1995年6月末に被害が甚大だった地域で行われた。外傷性ストレスを示す職員はほとんどおらず、との調査結果が報告された。しかし、調査票の自由記載欄等には明らかに惨事ストレスの影響を示すコメントが並んでいたそうだ。警察など、職員が強くならねばならない職場で弱音を吐けない事情もあったのではないかと考察されている。[9]

　警察職員の惨事ストレス対策は実質、東日本大震災からと聞く。この

災害では、多くの警察官が殉職した。殉職した警察官のほとんどは、津波からの避難誘導や被害情報の収集中に自らも津波に巻き込まれた。警察施設も大きな被害を受けた。阪神淡路大震災と同様に、多くの職員は、自宅が被災し、家族の安否が確認できないまま、数々の災害対策業務を行っていた。また、被災県外の警察本部から多くの職員が派遣され、行方不明者の捜索や被災地の安全を守る任務を行った。

被災3県の岩手、宮城、福島の警察職員および被災地での災害対策業務として警察庁から出向していた職員を対象に調査が行われた[1]。対象者の7.6％が惨事ストレスのハイリスク状態であることが報告された。翌年の2012年にも同様の調査が行われ、被災地職員の4.1％がハイリスクであることが報告された（第9章参照）。

さらに、福島県の原発事故に遭遇し、その後の対応を担っていた、浜通り地域で勤務をする全警察職員179名を対象とした調査も行われている[3]。2012年に行われた調査では、IES-Rでカットオフポイントを超えたハイリスク者は28.5％であった。階級や年齢が高い人、行方不明者の捜索を行った人などにハイリスク者がいたことが報告された。これらの調査結果を受けて、2013年に、警視庁内に惨事ストレス対策検討委員会が発足し、惨事ストレス対策マニュアルが作成され、全国の警察本部に配布されたと聞く。

警察では犯罪被害者の支援を積極的に開始したことがあり、現場職員の「代理受傷」対策が行われた。代理受傷とは、二次受傷の一つで、命の危険のあるような大変な体験をした人の被害体験を聞き続けることなどで二次的なこころの痛みを経験することを言う。トラウマをもった人とのかかわりの中で、クライエントや患者と同様の影響が精神保健の専門家にみられるようになり、「二次的トラウマ（secondary trauma）」という概念が生まれた。「代理性トラウマ（vicarious trauma）」は二次的トラウマティックストレス、共感疲労などと近似した概念である（第2章参照）。

惨事ストレスとの違いは、二次受傷が被害者の体験を通して間接的にトラウマの影響を受ける（被害者の体験を安全な環境で聞く）ことに対して、惨事ストレスは現在進行形で大変なことが起きている現場に支援者もいるため、直接的なトラウマの影響（現場活動中に自分や同僚が大怪我をする、死を覚悟するような体験をする）が原因となる。
　これらを踏まえ、代理性トラウマに関して、全国の警察本部に研修実施への指示があり、各本部が対応しているようであるが、詳細は明らかにされていない。[9]

海上保安庁職員における支援者支援

　海上保安庁は海の警察とも海の消防ともいわれている。同様に惨事ストレスにさらされる可能性のある職種である。この職員の惨事ストレス、戦闘ストレスに着目するきっかけとなったのは、2001年の九州南西海域における北朝鮮工作船事案といわれる。船舶からの銃撃を受け巡視船乗組員3名が負傷し、船は130発以上も被弾するという大事件だった。心理職や精神科医によるこころのケアが行われ、それ以降、職員の惨事ストレスおよびメンタルヘルス対策が行われるきっかけになった。
　この事案から2年後の2003年に職員の惨事ストレスの調査が行われた。[2] この調査では、過去10年間で衝撃を受けた業務とその影響を尋ねている。強いストレスを感じた事案内容は多い順に、「海難救助（14.5％）」「犯罪捜査（9.7％）」「その他（6.2％）」となっており、その理由として「自分の身に危険を感じた（34.9％）」「凄惨な死体を見た、扱った（26.3％）」「自分が負傷した・負傷しそうになった（15.1％）」だった。ハイリスク者の割合は13.0％だった。
　海上保安庁では、本庁、学校、各管区内に専門家を配置し、職員の惨事ストレスおよびメンタルヘルス対策を講じている。2003年に臨床心理士を惨事ストレス対策アドバイザーとして、その後、2012年にはメンタ

ルヘルス対策官を採用し、危機介入、相談業務、研修教育、啓発資料の作成などを行っている。

海上保安官を育成する舞鶴にある保安学校と呉の保安大学校には、医師や看護師に加え、非常勤の臨床心理士を配置し、学生や教員のメンタルヘルス事案等に対応している。各管区においては、総務部厚生課が職員のメンタルヘルス対応を担当する。彼らの主な役目は体制整備で、研修等の企画、専門家との連携構築、現状把握などになる。また、各本部には常勤あるいは非常勤の医師か看護師が勤務している。相談員と呼ばれる相談業務に特化した職員もおり、悩みを抱えた職員本人や関係者が利用できる制度もある。

東日本大震災後は、各管区内でメンタルヘルスおよび惨事ストレス対応ができるように専門家ネットワークの構築が開始された。海上保安庁は、被災した第二管区に所属する職員だけでなく、全管区から派遣され被災地で災害対応に従事した職員を対象に、合計4回の惨事ストレスチェックを行った[7]。結果、ハイリスク者の割合は、実施時期順に、9.4％、4.5％、2.3％、0.4％と、時間経過とともに減少していた。1年3ヵ月後の調査においてハイリスク者となった職員は、「受診」「業務上の配慮」「職場での見守り」「配置転換」に分類され、労務管理上の対応が行われた。この災害を受け、今後発生が危惧されている東海、東南海、南海地震を念頭に、各管区内で惨事ストレスを含む包括的なメンタルヘルスケアが提供できるよう、専門家ネットワークの構築が計画された[2][9]。

行政職における支援者支援

行政職、市町村役所職員、県職員、社会福祉協議会職員など公務員は、被災があった時に、被災者の怒りの矢面に立つことが多い。最近の災害対応においても、行政職員自身も被災者であっても、疲労が重なる中で弱音を吐けず、自分の家の片づけをしたいができずに、懸命に被災

者の対応をしていた。そして、平時の業務に加えて、膨大に増えた災害対応に忙殺され、時には自分の持病の薬剤がなくなっても受診できずに、血圧や血糖値が高いまま、不眠不休で対応していた。行政職も担当によって温度差があり、特に災害時に忙しくなる課と、それほど変わらない課があり、大変な職員は共感してもらえず、その温度差に精神的に参ってしまう。

　安易な励ましで傷つくこともある。被災の質・量の差があって、「車が流されたくらいで家は無傷だからたいしたことはない」とか、実は大きな損失をしているが、もっと大変な人がいるからと自分のつらい話は職場でできなくなる。お互いが災害の話をしにくくなり、自分の話をすることがなんとなくタブーになることもある。お互いに話し合ったらよいではないかと考えがちだが、被災の差があるところでは精神的に不調になる人が出やすいので注意が必要である。

　長期にわたり、自分自身のケアができない状態が続くと、ある日限界を超えてしまうことがある。不眠が続き、イライラして、対人関係が悪くなることもある。それまで市民に尽くそうと対応してきたが、時に被災者たちの怒りの矛先が行政職員に対して向かい、誹謗中傷になることがある。この結果、PTSD様の症状が出現し、人によっては、職場に行くと涙が止まらない、勤務先の役所が見えると動悸が止まらない、また怒られるのではないかとビクビクしてしまうなどの症状が現れる。これも自分だけだからと援助を求めないまま時間が過ぎるとうつ病やPTSDを発症し、ある日突然辞表を出して離職する人がいる。一つずつであれば問題に対応できても、災害、喪失、本人の健康問題、家族の健康問題、家庭内不和、借金、地域での人間関係の不和などが重なると、どう対応してよいかわからなくなり、うつ病を発症したり、最悪の場合、極端なことをしてしまうことがある。福島県では、現在も継続している放射能の問題の対応や、それ以外にも重複した問題があり、複数の自殺者が出た年もあった。このような可能性があることを組織として認識し、

管理職をはじめ職員が災害後の精神的ストレスの問題を正しく理解して、ハイリスクの人に適切に対応して、発症を防ぎ、発症した場合は早期対応・早期治療を行う。

　災害時の精神面の対応マニュアルも各県・市町村で作成されてきている。ただ、この作成に関わっている職員は詳しいと思われるが、基本的には市民・被災者に対するマニュアルであるので、支援者支援について記載されているものはまだ少ない。被災地の市町村では積極的に外部講師を依頼して平時から講習会を行っている地域もあるが、全体としてはまだこれからであるようだ。大事な職員が疲労で倒れてしまうと、結果的に市町村にとっても大打撃である。ロールプレイングゲームでいうところの防御力の低い「皮の鎧、皮の楯」では、いくら攻撃力が強くても防御力が弱くて災害と疲労と闘えない。きちんとした「鉄の鎧、鉄の楯」で、体とこころを守るために事前に守備力を高めておかなければならない。

医療者における支援者支援

　医療職は、医療が身近に、というより、医療そのものの中にいる。健康的な労務環境、適切なメンタルヘルスの環境が保たれている印象があるが、実はあまりこれらのことが行われていない現状がある。昨今の働き方改革で、医師の労働時間の問題、医師の自殺問題、看護師の夜勤、介護職の離職問題など、平時から長時間の勤務、労働環境の改善が叫ばれている現場である。加えて、普段から人の生き死にを見ている高ストレス職場でもある。

　医療職として災害時に派遣されても、帰ってきて休みが取れないことが多い。PTSD様の症状が現れていてもなかなか声をあげられないこともある。やはり、組織、ラインケア、セルフケアが必要であることは間違いない。むしろ平時から意識すべき職種である。

国立病院機構災害医療センターは、東日本大震災直後の2011年３月に活動した災害派遣医療チーム（DMAT）隊員を対象に同年４月に調査を実施し、活動内容や震災報道のテレビ視聴状況、「無力感におそわれた」など13項目を質問した。さらに同年７〜８月に追加調査を行い、PTSD症状の診断基準となる再体験、回避、覚醒亢進について尋ねた。その中で回答が得られた173名のうち約６％でPTSDの疑いがあった。さらに、同年４月の質問で心理的苦痛が大きかった人、震災関連のテレビを視聴する時間が「１日平均４時間以上だった」と答えた隊員にPTSD症状が強くみられることが明らかになった。

　東日本大震災当時の状況を踏まえ、2015年９月に起きた関東・東北豪雨の派遣でストレスが強いと判定された隊員も同じような症状が出る恐れがあるとして、１ヵ月後、３ヵ月後を目安に調査した。「無力感」「悲しみ」「怒り」などの精神的な苦痛の程度を数値化する専門の方法で行われ、被災地入りした隊員の約半数の166名から任意で回答を得た。被災地に入った（DMAT）隊員のうち数名が派遣後に強いストレスを受けたと判定されたことが、日本DMAT事務局の調査でわかった。被災者を救う活躍が注目される一方で、医師、看護師ら派遣される側の負担にも注目する必要がある。事務局では、今後も災害時に被災地に派遣された隊員に同様の調査を実施する予定で、必要に応じて医療機関への受診や適度な休息を勧め、隊員が精神的ストレスを原因として離職・休職するのを防ぎたいとのことであった。[14]

　このようにDMAT事務局はDMAT隊員へのメンタルサポートを実施し、フォローアップをしている。隊員の中には、PTSDなどの精神障害に罹患して勤務が難しくなっている例もあると聞く。このように、派遣でこころの不調に陥った場合にも、所属組織がサポートし、悪化を防ぐシステムが必要である。これは組織としての防御力を高めて、大事な隊員を守り、次の災害に備えるためにも欠かせないことである。

　DPATに関しても、熊本地震でサポートを行った際、被災者の支援

も多かったが、被災地の行政職員の支援者支援の件数が500件を超えていたと聞く。すなわち、被災者と同様に、被災者を支える行政職員が倒れそうになっていた。筆者も茨城県のDPATとして現地に入ったが、実際に目を真っ赤にして仕事をしている職員を何人も目にしたし、睡眠不足は当たり前の休めない現状を目の当たりにした。筆者は2015年の関東・東北豪雨でも同様に現地活動したが、行政職員の状況は同じように過酷であった。

　大規模災害が発生すると、日本だけでなく海外でも、身元確認において歯科医師が大きな役割を果たす。大規模災害発生時、遺体は市区町村が設置する遺体収容所に搬送される。東日本大震災でも、遺体収容所で歯科医師が遺体からの死後記録作成を担当したが、遺体を見ることがつらく、チームとして対応していたことから自分だけ抜けることができずに我慢し続け、その後PTSDを発症してしまった歯科医師がいた。[10]

　このように、医師、看護師、歯科医師などのさまざまな医療職、また医療を支える職種は、凄惨な現場に出くわしたり、時に誹謗中傷にさらされたりすることがあり、同様にメンタルヘルスのハイリスクな職種であると思われる。

教師における支援者支援

　大規模災害時だけでなく、平時から学校教師は児童・生徒の行動の安全に配慮している。しかし、災害時においては、災害時対応が予想外の結果を引き起こしたり、自然を予知できないので対応が遅れたりすることもある。また、学校が避難所になることがあり、校長をはじめとした教職員はその対応に追われることになる。避難所の管理や、同時に学校の早期再開も考慮しなければならず、災害に伴う対応が多い。

　教職の苦悩は、教員として、児童・生徒への思い、仕事をまっとうしようという強い思い、そして、被災者として、自分自身の家族の一員と

して、親としてなど、被災者と支援者としての苦悩を両方併せ持つことである。また、時に保護者からの非難の矢面に立ち、大きく傷つくこともある。

　被災者・支援者の二重の経済的・心理的・社会的負担がかかり、つらい思いをするが、それを表出することができないというのは、行政職員や警察官、消防隊員などと同じ構造である。「チーム学校」は、学校教師だけがすべての対応をするのではなく、スクールカウンセラーやその他の多様な専門性をもつ職員がサポートをしてチームとして対応しようとするものである。災害時においても、この「チーム学校」という考え方、またスクールカウンセラーなど外部職員との連携が必要である。

　教師にできることとして、ストレスマネジメント教育の実践、安心・安全の感覚の強化、リラクゼーションやアクティベーションの実践、各教科で学習に集中させるための実践、喧嘩や怪我の予防、ストレスマネジメント行動の習慣化などが挙げられている。

　また、自分のことを守ることが大切である。教師も被災者であるということを忘れてはならない。頑張りすぎて燃え尽きないように工夫して休養をとることが勧められている。役割を輪番制にしたり、ボランティアに頼んだりして、個人の仕事量を減らしてリラックスできる時間をもつことも推奨されている。また、校長などの管理職は最終決定をする重責を担っており無理をしやすいため、周囲の人が管理職の健康に注意すべきである。[12]

　実は平時においても、多くの教師が頑張りすぎてこころの不調をきたしている。昨今は教師のストレスが高い現状がある。2014年度の教職員のうつ病などの精神障害による病気休職者数（公立学校）は、全国で5045名に上り、2007年以降、5000名前後で高止まり状態が続いている。「OECD国際教員指導環境調査」の2013年の調査結果で、日本の中学校教員の勤務時間が諸外国と比べて格段に長いことが判明した。日本の教員の週当たりの平均勤務時間は53.9時間で、調査参加国平均の38.3時間

を大きく上回っていた。このように、平時から教職員のストレスは高い。その一方で、生徒指導（授業）に充てた時間は17.7時間となっており、参加国平均の19.3時間を下回っている。日本の場合は、事務業務や部活動などの課外活動の指導に充てる時間が他国と比べて長くなっていると考えられる。

　阪神淡路大震災の後に教員のメンタルヘルスについての調査を行ったが、結果をもとに体系化した支援のガイドライン等が発表されているわけではなく、現時点では体系化されたものはない。支援自体は現場レベルで行われている。災害後のスクールカウンセラーの派遣で校内研修を依頼されることもあるが、個々のカウンセラーの力量で行われているというのが現状である。派遣の際の依頼も、当然であるが、児童・生徒に焦点を当てたものがほとんどで、教師に対する視点が入っているものは決して多くないようである。臨床心理士の外部カウンセラーとしての派遣体制は整いつつあるが、まずは子どもへの支援体制を整えることが最優先のようである。日頃から業務過多な教師への危機時のサポートは早急に体制化されるべきであろう。

　教師に対しても、ハイリスクの場合はPFAなどで同僚間でサポートし、それでも対応が難しい場合は、心理職や精神科医などの専門職に依頼できる体制を平時から準備したい。現在ストレスチェックが行われているが、産業医やその所属組織が依頼できる精神科医療施設などを平時から選定しておくことも必要である。災害支援の中で教師は、要援助者のスクリーニングを行い、スクールカウンセラーと連携して対応する。スクールカウンセラー等が相談業務を行い、教職員へのコンサルテーションを行う。また、担任の負担が増えすぎる場合は副担任を置き、授業中にもつねに同席し、児童・生徒への個別支援が必要になれば対応できる体制をとることもある。支援が速やかに開始されるための人材派遣体制を作ることも重要であり、また情報を体系的に管理するためのシステム作成も重要と考えられる。

教師の支援者支援については、同じ学内で限られたカウンセラー、もしくは限られた期間だけ派遣されるカウンセラーが行うことの大変さも意見として出ている。東日本大震災時に派遣された学校では、たとえば、教師が発災時にちょうど出張などで学校を不在にしており、児童・生徒や教職員と被災体験を共有できなかったことへの罪悪感や後ろめたさが強いという声もあった。また、子どもたちと一緒にいたが彼らを守れなかった自責の念を抱いているなど、教師間の感情もさまざまであり、それに対応していくためのスクールカウンセラーなどの専門職の災害支援のスキルも求められている。

　避難所になった学校を子どもの教育のためにも早く再開したいと、その調整に学校や教師は苦悩する。災害時の対応で話を伺うと、涙する教師が多く存在する。また、災害で交通機関が寸断され、3時間かけて通勤している教師もおり、心身の負担も大きい。この視点からも災害時において学校教師への支援は必要である。

ボランティア・一般的な作業員における支援者支援

　9・11米国同時多発テロ事件では、倒壊したビルの遺体捜索、解体のために多くの作業員が活動した。その中で多くの遺体を発見したが、当然普段訓練を受けておらずPTSDになった作業員も少なくなかったと聞く。また、韓国旅客船セウォル号沈没事故の遺体捜索をしたダイバーや東日本大震災で遺体捜索をしたボランティアダイバーも、想像はしていたものの、実際に多くの遺体を捜索・発見し、その後PTSDになった人もいたという。

　東日本大震災では、それまで交通整理や一般事務を担っていた人が、人手不足で遺体安置所の対応を行い、その中で遺族対応を行わざるをえず、遺族から罵られたり、怒りをぶつけられたりし、カウンセリングが必要な状態になったというケースもあった。このように、普段遺体に接

したり人から怒りをぶつけられたりすることが少ない人が、災害時の対応で強いストレスを受けて、こころが深く傷つくということが実際に多く起こっている。

ジャーナリストにおける支援者支援

ジャーナリストは厳密には支援者ではないかもしれないが、報道することで被災地域やそれ以外の人に情報を付与する職種であり、広義には支援者として考えてみたい。また、他の支援者同様、被災地に入り、凄惨な現場やつらい話を聞く機会が多く、惨事ストレスの影響を受けやすい職種である。

ジャーナリストの惨事ストレスについては、報道人ストレス研究会が『ジャーナリストの惨事ストレス』(4)として書籍を発刊している。東日本大震災の時におびただしい数の新聞記者、放送局記者スタッフ、カメラマン、雑誌記者が現地に入り、その活動の中で急性ストレス反応で苦しんでいたことから、研究会のメンバーが各関連団体と協働して啓発活動を行った。その後、面接調査を行い、現状を把握し対応を行っている。取材・報道時のストレス反応、そして取材・報道時から2〜3ヵ月後のストレス反応が記述されている。また、個人の対応、組織の対応として行うことが記されている。このように、報道にあたり、被災者に話を聞くことや、凄惨な現場を体験するジャーナリストの支援の必要性も報告されている。

支援者支援をするうえで活動・協働する可能性のある職種

支援者支援をしていくうえで、活動・協働する可能性のある職種を考えてみたい。

支援者支援は、基本的には各支援者間での支援が大切である。まずは

セルフケア、ラインケアを行い、それでは対応が困難であれば、支援者の組織内の精神科医、看護師、心理職などの専門職がいれば望ましい。もしいない場合は、組織外の精神科医、看護師、心理職などの専門職につなげて対応してもらうこともあるだろう。災害対応チームとしては、DPATには精神科医、看護師がチームにおり、対応に詳しいので相談することもできる。また、日本赤十字社にはこころのケアのトレーニングを受けた看護師による「日赤こころのケア班」も存在し、支援者支援においては実災害での対応経験もある。

　ただし、大災害時のこころのケアに関しては、圧倒的な被災者に対して、とてもこれらのチームだけでは充足できない。新しい試みとして、認定臨床宗教師という資格ができている。2011年の東日本大震災を機に、東北大学で養成が始まり、龍谷大学、鶴見大学、高野山大学、武蔵野大学、種智院大学、愛知学院大学、大正大学等の大学機関もこれに取り組んでいる。2018年3月に一般社団法人日本臨床宗教師会による「認定臨床宗教師」の資格制度がスタートし、最近は臨床宗教師が被災地のこころのケアを行っている。布教や伝道を目的とするのではなく、高度な倫理に支えられ、相手の価値観を尊重しながら、宗教者としての経験を活かして、苦悩や悲嘆を抱える方々に寄り添っている。仏教、キリスト教、神道など、さまざまな信仰をもつ宗教者が十分配慮し、協力している。

　精神科医のいる精神科医療のDPAT、看護師によるこころのケアの日赤こころのケア班、この他にもさまざまな支援者を支えるチームがあるが、それぞれの特徴を把握し、相談できると好ましい。いずれにしてもお互いのメリットを活かし、不足点を補って連携して対応することが大事である。

まとめと対応

　支援者は三種のストレスを受ける。一つ目は危機的ストレスで、惨事ストレスともいう。心的外傷（トラウマ）反応を生じさせるようなストレスである。二つ目は累積ストレスとして、援助活動中に不快で危険な環境での困難さ、任務上のプレッシャー、直接的にかかわりをもつ被災者の無反応、あるいは過度な感情反応、とくに怒りなどの感情をぶつけられる体験、そして倫理的なジレンマなどからくるストレスの蓄積がある。三つ目は、基礎的ストレスとして、援助活動に際し、普段と異なる特別な状況下での生活そのものから生じる。普段と異なる食事、睡眠や休息が十分にとれない、援助チーム内での人間関係の問題、上司の指示や判断に納得がいかないなどから生じるストレスである。

　本書で繰り返し触れられているように、支援者は一般市民の被災者から怒りをぶつけられることがある。自然災害の場合は、災害を起こした地震や津波、氾濫でも山、海、川に怒るわけにいかない。その結果、被災者はわかりやすい行政職などの支援者、救助している警察、消防、自衛隊など公共の職員、また学校の教師などに対して怒りをぶつけることが多い。時には人格を否定するような非常に強い言葉で罵られることもある。もちろん怒りをぶつけたい気持ちもおおいに理解できる。実際に不備があることもある。しかし、すべての災害に対して完全な対応は難しい。毎日30分以上電話で苦情を訴える、公的機関で居座るなどの行為に対しても、職員はみずからの仕事だからと熱心な対応をしている。しかし、一方で今まで市民のためにと思い対応していた職員が、累積する叱咤に気持ちが折れて、退職に追い込まれることがある。しかも、その職員は辞めるまでは葛藤が多いが、もう辞めると決めると、次の職場探しをして、職が決まってから上司に報告する。上司が慌てて慰留するが、もうすでに本人の気持ちは決まっているので、退職が覆ることは少

ない。

　ビジネス界で使用されている職場でのコミュニケーション手法である1on1は、部下を辞めさせないためのスキルである。(3)(11)一般的な企業における面接は上司の都合で、上司が部下を判断するために行われることが多い。部下は評価が下がらないよう気を遣って、自分の言いたいことは言えないことが多いため、離職を考えていても、実際上司に気持ちを吐露することは難しく、離職・退職の直前までこのことを上司は知らずに慌てることがよくある。この点、1on1では、面接は部下のための時間であり、1週間に1回など定期的に部下の話を親身に聞くことで、信頼感が生まれ、離職が減るというものである。これは海外でも多く利用されているスキルで、最近は多くの企業が取り入れようとしているものである。

　災害支援においても、このような考え方が必要になると考える。大事な組織の職員を守る姿勢として、管理職がもっていたほうがよいスキルである。ただ、管理職の負担が増すことがあるので、その管理職を支えることが重要である。本当は自分の体調が悪い、実は家族が病気になって朝早く子どもの対応をしてから通勤している、親の介護をしていてその負担が大きいためこの時期だけ上司に配慮をしてほしいなど、言いにくいことも少なくない。このために累積したストレスで具合が徐々に悪化していく。上司も気づくことができるとよいが、難しいことがある。気分の変調がわかりにくい、判断が難しい場合には体調面や行動面での不調を見るとよい。普段穏やかな人が怒りっぽくなったり、タバコの本数が増えたり、飲酒が目立つようになったり、肥満・やせなど外見・行動の変化から疑うこともできる。上司に対して部下は、理解されていない、無視されている、評価が低いなどと思うことが多く、その結果、能力が発揮できていないことがある。リーダーシップはメンタルヘルスの鍵であると考える。時に優秀なコーチのようにコーチし、併走し、アスリートの力を出しやすくするイメージで、災害時においてもプロ集団で

ある仲間がベストパフォーマンスを発揮できるように働きかけたい。

第1章でも触れたが、アメリカの災害対応はインシデント・コマンド・システム（現場指揮システム、Incident Command System：ICS）として知られている。これはAll hazardに対応している。支援者支援においても同様の構造がとれることが望ましい。すなわち、基本構造、コアの部分は同じで、他の職種ごとの違いを埋めていけばよい。基本を守ればあとは応用すればよいというものであれば、さまざまな職種において応用される可能性が高まる。全方向対応性支援者支援と言えよう。

冒頭にも挙げたように、コアの部分としては、「支援者のストレスの基本構造は近似している」「善意の支援者として活動するが、状況によってまったく予期しない支援相手に否定的な言動をとられることがある」「支援者が自分の心身のコンディションを超えたところで活動していて、その結果、不調をきたし、結果、支援する側から支援される側になってしまうことがある」などがある。チームの仲間同士で、お互いを支えるバディ同士でサポートしていくなど、チームのパフォーマンスを上げていく工夫をしてもよいだろう。

災害支援者支援の基本は被災者に対してのケアである。被災者でありながら支援をしている地元の人々、自分の業務を差し置いて支援に来ている人々が、こころを傷つけて帰ることが決して少なくない。被災者の支援をしているのは支援者であり、復興のキーパーソンである。その人々が倒れたら、復興は立ち行かない。支援者支援の基本は、すべては被災地・被災者のためなのである。支援者支援で重要視していることは災害ストレス、産業ストレスなので、結果として被災者にも当然役に立つパッケージである。本書を「被災者に役立つための支援者支援マニュアル」として活用いただければ幸いである。

平時だから、災害時だから、ということではなく、メンタルヘルスの基本はある程度共通している。支援者支援が普及し、平時の地域の精神医療・精神保健がつながり、フォローアップ体制が構築・維持されるこ

とが最終的な目標であり、災害時の取り組みが平時の国民のこころを守ることにつながることを期待している。

　行政・医療職・学校教師などの支援者と警察・消防・自衛官・海上保安庁職員らではトラウマ的な光景を目にする頻度は異なるが、誹謗中傷などがメンタルヘルスにおいてハイリスクになることは知られているため、セルフケア、組織のケア、上司が部下を守る構造などはほぼ同様である。各職種によって対応すべき点は違うこともあるが、基本の部分は変わらない。このため、他章では自衛官についての記述が充実しているが、自分の所属する組織に置き換えて考えてもらえると大変ありがたい。

〔文　献〕
（1）藤代富広「警察における惨事ストレス対策」『トラウマティック・ストレス』11巻、141-149頁、2013年
（2）廣川進、飛鳥井望、岸本淳司「海上保安官における惨事ストレスならびに惨事ストレスチェックリストの開発」『トラウマティック・ストレス』3巻、57-65頁、2005年
（3）本間浩輔『ヤフーの1 on 1―部下を成長させるコミュニケーションの技法』ダイアモンド社、2017年
（4）報道人ストレス研究会編著『ジャーナリストの惨事ストレス』現代人文社、2011年
（5）兵庫県警察本部『阪神・淡路大震災における警察官の救援活動及び被災体験とPTSD』1996年
（6）加藤寛『消防士を救え！―災害救援者のための惨事ストレス対策講座』東京法令出版、2009年
（7）水口勲、廣川進「東日本大震災における海上保安庁の惨事ストレスへの取り組みと課題」『トラウマティック・ストレス』11巻、133-140頁、2013年
（8）永田高志、石井正三、長谷川学他監訳『緊急時総合調整システム Incident Command System〈ICS〉基本ガイドブック―あらゆる緊急事態〈All hazard〉に対応するために』日本医師会／東京法規出版、2014年
（9）大澤智子、加藤寛「災害救援組織における惨事ストレスおよびメンタルヘルス対策のこれまでとこれから」『兵庫県こころのケアセンター研究報告書　平成28年度版』(http://www.j-hits.org/function/research/pdf/28_4chouki.pdf)
（10）櫻田宏一「Q&A　歯科一般　大規模災害発生時の身元確認方法」(https://www.dental-diamond.jp/qa/18/ippan1806.html)
（11）世古詞一『シリコンバレー式最強の育て方―人材マネジメントの新しい常識1

on 1 ミーティング』かんき出版、2017年

（12）竹中晃二、冨永良喜共編『日常生活・災害ストレスマネジメント教育―教師とカウンセラーのためのガイドブック』サンライフ企画、2011年年

（13）田村圭子『すぐに役立つ消防職員の安全衛生活動』地方公務員安全衛生推進協会、2016年（http://www.jalsha.or.jp/pub/pub03/detail/8985）

（14）「災害派遣後に強いストレス隊員の追跡調査で判明」47NEWS、2016年1月12日（https://www.47news.jp/277130.html）

被災者・支援者の言葉

　大規模災害の教訓を得ようと、内外の各地で被災者や支援者からさまざまな経験について話を聞いてきた。ある晩、ニューオリンズのホテルの一室で午前2時頃に目が覚めてしまい、その後、まったく眠れなくなった。ぼんやりした頭で、あれこれと思いを馳せていた。

　すると、福島、ニューヨーク、ニューオリンズ、マニラなどで被災者や支援者から聞いた言葉が蘇ってきた。彼らが共通して語る、次のような内容があると気づいたのだ。

　第一に、「大規模災害は不変の幻想を吹き飛ばす」という言葉があった。われわれは日常生活を送っていて、昨日と同じように今日が、今日と同じように明日がやってくるとまったく疑問をもたずに暮らしている。しかし、大災害が起きると、これが幻想でしかなかったことを思い知らされるという。

　第二に、「どれほど激しい災害に襲われても、それでも人間は生き延びていく力強さがあることに気づいた」とも語る。これこそがリジリエンスである。

　第三に、「突然変化した世界で生きていくには、新たな意味を見出さなければならない」という言葉も耳にした。

　場所も言葉も異なる人々が共通の内容を語ることに、私は驚くと同時に、ふと鴨長明の『方丈記』の冒頭の言葉が頭に浮かんだ。

　「行く川のながれは絶えずして、しかももとの水にあらず。よどみに浮ぶうたかたは、かつ消えかつ結びて久しくとゞまることなし。世の中にある人とすみかと、またかくの如し」

　鴨長明は、12世紀末の京都で安元（1177年）の大火、治承（1180年）の竜巻、養和（1181～1182年）の飢饉、元暦（1185年）の地震を経験し、自己の人生と重ね合わせて、無常観をこのように表現した。現代に生きる被災者や支援者も同様の思いを浮かべていることに、私は深い感慨を覚えた。

　さらに、ヴィクトール・フランクルの言葉も浮かんだ。フランクルはオーストリアの精神科医であるが、ユダヤ人であるため、ナチスドイツにより強制収容所に入れられた。幸い、第二次世界大戦が終了し、解放されたフランクルは、強制収容所における体験を『夜と霧』としてまとめ、それは世界的なベストセラーとなった。彼の言葉にも「状況を変えることができないのであれば、私たちは自分自身を変えざるをえない」というのがある。

（高橋祥友）

第12章
災害支援者家族の支援とは

脇　文子

はじめに

　筆者は陸上自衛隊の心理幹部として、さまざまな災害派遣や国際平和協力活動等に従事する隊員に対するメンタルヘルス支援を行い、合わせてその隊員家族に対しても支援を行ってきた。第2章の冒頭で述べられているように、「支援者」と呼ばれる対象は、医療・福祉・教育・司法等の臨床的な支援領域から災害救助等まで幅広い。その中でも組織として災害現場等で活動する支援者とその家族に焦点を当て、筆者の体験したエピソードを交えながら考えてみたいと思う。

災害支援者家族の支援とは

　筆者の体験を振り返って思うことは、多くの組織において、現場で活動している支援者だけに目が向きがちだということだ。
　苛酷な環境の中で活動している支援者にとって、現場で必要な時に支援（ケア）を受けられる態勢を整備することは組織として必須である。

しかし、家族も支援者を精神的にサポートする重要な役割を果たしていることが多く、支援者支援を担っていると言っても過言ではない。大規模災害等になれば、家族自身が被災者となって困難状況に陥っていることもあるだろうし、被災していない家族においても支援者や被災地に役立ちたいという思いを抱えていることもあるだろう。

支援者家族の支援という側面をみる際に、大きく2つの視点があると思う。

一つは家族を支援することで、それが支援者支援につながるということである。苛酷な環境の中で活動する支援者にとって、多くの場合、家族はこころの支えである。家族が安定してこそ、高いパフォーマンスでの活動が維持できるのではないだろうか。

二つ目は直接的な家族への支援という側面である。とくに震災等で被害を受けた場合、家族の一員が支援者として活動することにより、中心的な役割を果たすメンバーが不在の中で、その他の家族は避難生活や生活再建に取り組まなければならない。当然、物理的な支えも必要であるが、精神的な支えが傍にない状態になる。このような場面で、支援者家族の支援を誰がどのように考えればよいのだろうか。

「支援者家族の支援」が支援者支援となる

(1) 家族のストレス反応

被災地等の活動現場において支援者は、使命感や高揚感の中で活動している。被災者から感謝されることも多いが、その一方で、過酷な災害現場であればあるほど、思うように進まない救援活動にジレンマを感じたり、被災者から行きどころのない怒りをぶつけられたりすることもある。また、休息をとることすらためらわれる現場もあり、日々疲労が蓄積されていく。

このような支援者の被ったストレスを現場で解消することは必ずしも

容易ではなく、休息時や活動終了後に家族のもとに持ち帰ってしまうことも少なくない。たとえて言えば、現場でついた泥をそのまま持ち帰ってしまい、家を汚してしまうようなものである。

当然、家族自身もストレスを抱えた状態となっている場合もあり、互いにストレスをぶつけ合うことになる。

東日本大震災の災害派遣に従事中のある支援者が、「2週間ぶりに家に帰ったのに妻と喧嘩してしまい、そのまま家を出てきてしまった。また、しばらく帰れない日が続くのに……」と後悔していることを話してくれた。家族への大きな被害はなかったものの、2週間ぶりの休息が与えられ自宅に戻ると、余震が続く中、必死に子どもを守っていた妻が、その不安を支援者にぶつけてきた。休みなく続いた救援活動に疲れも感じており、妻の不安な気持ちをうまく受け止めることができず喧嘩になったという。

災害等の場合、その被害の状況はさまざまであっても、支援者家族がストレス反応を呈していることも少なくない。震災等のショックによる驚愕反応や過覚醒等、いつも以上に過敏に反応しやすい状況になっている。支援者は、自身のストレス反応には気づくことができても、家族にもストレス反応が及んでいるとは気づかずに、そのストレスを受け止めることができない。

家族にふりかかっているストレスについて、支援者や組織は目を向ける必要があると考える。

(2) 家族自身の安定

東日本大震災では被災者でありながら活動している支援者が多く、その中でも女性の支援者の活躍が目立っていた。

「まだ小さい子どもをおいて救援活動をするのは本当にこころが痛む。家に帰れない状況が続いていて、自分の母が子どもの面倒をみているが、たぶん、不安や寂しさを感じていると思う」と若い女性自衛官が

話してくれた。近年では、女性があらゆる場面で活躍し、女性ならではの支援活動も増加している。

　女性が家事・育児と仕事を両立させることに対する支援態勢は整備されつつあるが、その一方で災害等での支援者として活動する場面においては、日常の態勢だけではまだまだ不十分な面が多いのではないだろうか。子どもを養育する役割は必ずしも女性に限ったことではないが、幼少期の子どもにとって母親の存在は大きく、震災等の場面であればいつも以上に不安や寂しさを感じるだろう。とくに、小さな子どもを抱える母親であれば、支援者としての使命感と誇りをもって現場で活躍する一方で、子どもを残して現場に出向くことに罪悪感を抱いてしまうのも無理のないことである。

　母親だけが不在の寂しさを感じさせるわけではない。東日本大震災当時、仙台で勤務していた男性支援者の妻が3月10日に第二子を出産した。翌日発災し、第一子と妻の母親は自宅に、妻と第二子は病院に残し災害派遣活動に出動した。1週間後、妻と第二子は退院したが、産まれたばかりの子どもを抱えて不便な被災地で生活することは困難だった。すぐに妻の実家である青森から、妻の父親が車を飛ばして迎えにきて、妻の実家に帰省して生活することになった。この支援者が家族と再会できたのは、それから実に3ヵ月近く経った頃だった。発災前日に産まれた第二子は首もすわり見違えるほど成長していて、見慣れない父親に、抱っこしてもしばらくは泣きやんでくれなかったそうだ。このような状況で、妻は不安ではなかったのか尋ねたところ、「あとで妻に聞いたら、自衛官と結婚すると決めた時点で、『この人は一番大事な時にいない』と覚悟をしていたそうだ。大変だったと思うし、言いたいこともだいぶ我慢してくれたと思う。家族が心配だったら3ヵ月も活動はできなかった。妻には本当に感謝しているし頭が上がらない。いつ何時、何があっても出動できるように家族と話し合い、その時の準備をしておけと、日頃から部下や後輩に言っている。これは自分の体験を通じてつく

づく実感した」と語ってくれた。

　家族が理解していても、家族だけに我慢という負担を負わせてよいものではなく、また、家族が不安や問題を抱える場合、さらにその問題が解決しない場合、支援者は活動に集中することが困難となる。

(3) 家族に対する罪悪感

　支援者家族の多くは、支援者の活動の必要性を十分に理解しているし、支援者たちも「家族はわかってくれている」と感じている。「夫（妻）が現場で頑張っているので、自分たちも負けないように頑張らなければ」と家族が応援する姿もある。

　その一方で、必ずしもよいエピソードばかりではない。震災を体験した当時は大きな問題を抱えることはなかった家族から、「あの苦しい時に近くにいてくれずとても心細かった。苦しい時こそ頼りにできると信じていたが、家族は後回しだと思った」と10年以上も経った頃に本音を言われ、ショックを受けたという支援者もいる。

　東日本大震災では、家族が津波被害に遭い行方不明者となっている支援者もいた。この状況においても救援活動が優先されるため、探しに行くことは許されなかった。当然のことながら、家族が心配で活動に集中できなかったという。その後、家族の無事が知らされたが、家族に何もできなかったことに対して、申し訳ない気持ちを感じたそうだ。

　多くの支援者とその家族は、このような状況のために、日頃から話し合いや準備をしている。しかし、活動の最中は目の前の救援活動に集中していても、少し落ち着いた頃から家族に対して言いえない罪悪感をもつことがある。家族が理解してくれているからこそ活動に集中できるのだが、一方で本当に苦しい時に何もできない申し訳なさも感じるのである。

　未曾有の災害の場合、家族より救援活動を優先しなければならないが、そうした組織を決して非難することはできない。被災地周辺では、

支援者自身が被災していることが多く、家族も何らかの被害を受けている。支援者自身は家族を優先することをみずから判断する立場にない。しかし、組織がそれぞれの被災した家族を優先する決断をすれば、救援活動に影響を及ぼすことが予想される。とくに、人命救助という視点に立てば、災害発生直後にどれだけ集中的に活動できるかにその成否がかかっている。これらのジレンマを抱えながら組織は救援活動を優先し、支援者は救援活動に当たることになる。

(4) **高齢者の家族**

高齢者の家族もまた、心配や問題の要因となることがある。

2016年の熊本地震での筆者自身の体験である。筆者の実家は震源地となった益城町にある。70代半ばになる母親は一人暮らしをしており、すぐ近くに筆者の姉家族が住んでいる。幸い、家屋に大きな被害はなかったものの、ライフラインが途絶えたため母と姉家族は近くのイベントホールの駐車場で2週間近く車中泊を続けていた。元来身体も丈夫でしっかりしている母だったが、発災後から精神的に不安定になり、これまでになかった不穏な言動がみられるようになった。一緒に避難生活を送っていた姉も疲れて余裕がなくなり、不穏な言動をとる母に対してイライラが募り、一緒に生活することを苦痛に感じ始めていた。

2週目に差しかかった頃、筆者も実家に帰省することができた。母は体験した恐怖を何度も繰り返し話していた。ようやく自宅での生活ができるようになり、姉宅のリビングで、家族皆で雑魚寝をする生活が始まったが、夜になるとちょっとした揺れで何度も目を覚まし、パニック状態となっていた。実家付近はライフラインがなかなか復旧せず、日中だけ家に戻り母と一緒に片づけをした。家が片づいていくことで、現実を受け入れられたのか、少しずつ母の精神状態は落ち着きを取り戻していった。

震災が落ち着いた頃、「年寄りだからこそ家族に迷惑をかけてはいけ

ないと思い、とても我慢していた。歳をとると物事の理解が遅くなり、体も思うように動かず、生活するだけでも、つねに周囲に迷惑をかけているように感じる」と、母は筆者に話してくれた。

災害時となれば、なおさら、役に立たない自分がいることで、迷惑をかけているように感じるものである。しかし、家族であっても被災地での生活によって疲労が重なり余裕がなくなっていくため、お互いの変化や苦しさを受け止めることができなくなるのだ。

熊本地震では、筆者自身は被災地から遠方で勤務していたので災害派遣活動に当たらなかった。離れたところに住み、被災していないからこそ、家族の変化や苦しさを受け止めることができ、全面的に家族に寄り添うことができたと思う。自身が被災したり救援活動をしながらこの状況に直面していたら、果たして冷静に家族を支えることができただろうかと思う。

支援者家族に対して組織ができる支援とは

支援者家族がどのような状況にあるのか振り返ってきたが、ここからは家族に対して組織として具体的にどのような支援ができるのかを考えてみたいと思う。

(1) **家族に対する理解促進および家族同士のコミュニティの場の提供**

陸上自衛隊においては、日頃から家族会や説明会という形で災害支援者になった際の任務について家族の理解を深めるとともに、家族同士のコミュニティの場を提供している部隊も多い。

しかし、一方的に支援者の立場を理解してもらうことだけを押しつけてはいけない。家族の状況を組織が認識し、問題を抱えていないか、あるいは不測の事態に即応できる準備ができているかを確認しておくことも重要である。

国際平和協力活動等で海外に派遣され、長期にわたり夫や妻が不在となっている家族に、部隊に出向いてもらい、家族会（茶話会）を開いたことがある。「自分だけが寂しくて置いてけぼりの感情を抱いていたが、自分だけでないことがわかり少し気持ちが軽くなった」「同じ状況を経験している人でないとわかり合えないこともあるので、気持ちが共有できてよかった」という声があった。家族がこのような思いを抱えていることに、直接対面することで気づかされる。地域や家族自身のコミュニティの力も大きいが、同じ状況であるからこそ気持ちを共有でき、一緒に励まし合えることもある。

　日頃から、同じ立場を共有できる家族間のつながりを組織として提供することで、支援者自身の安心にもつながるのではないだろうか。

(2) 家族に対する情報発信

　多くの組織で、支援者に対する事前の教育等が実施されるようになってきたが、家族は惨事ストレスについて、情報を受け取る機会は少ないと思われる。

　突然被災し、自分たちに何が起こっているのかわからないまま、混乱し、不安に陥り、ストレス反応にたださらされていることがあるのではないだろうか。災害等で直接被害を受けていない場合でも、さまざまなストレス反応が起こり、困惑していることもある。

　ある支援者から、「発災から数日後、現場から戻ったら妻が不眠に苦しんでいた。毎日震災の報道を見ていただけなのに、自分が津波に襲われる夢を毎日見てしまい眠れなくなったらしい」と相談を受けた。身近な存在である夫は災害派遣で不在となり、迷惑をかけないようにと一人で抱えこんでしまい、不安な日々を過ごしていたらしい。この妻に対しては、そのような症状は災害等が発生した時の一時的なストレス反応であること、またその対処法について支援者を通じて情報提供し、安心してもらうことができた。

筆者が所属していた部隊においては、「日常のストレスやその対処」等、家族のストレスについても情報提供する機会を設けていた。東日本大震災においては、「家族通信」という形で災害時のストレスについて情報発信したり、現場での活動状況について安心してもらえるような内容の手紙を家族に送った指揮官もいた。

　このように情報を提供することで、少しでも冷静に受け止め、家族自身での対処が可能になることは、支援者が活動に集中できる環境を作ることになる。このような情報発信をきっかけに、組織が家族とコミュニケーションを図り、支援者の家族にもしっかり目を向けているというメッセージを伝えていくことが大切ではないかと考える。

(3) 家族が利用できる相談窓口の提供

　筆者は、メンタルヘルス等の情報提供の場を利用して支援者家族に自身を、「相談窓口」として周知してもらい、日頃から家族の問題や不安について相談を受けている。情報提供の場を活用して担当者を「見える化」することで、軽易に活用してもらい家族の問題にも寄り添うことができると考える。

　自治体等も含め、相談窓口は数多く存在しているが、いざという時相談に出向くことは容易ではない。支援者の特性を理解しているからこそ、家族が支援者となることで発生する不安や心配についての相談に応じることができると考える。孤独になりがちな支援者家族に相談できる窓口を提供することも、組織として必要な取り組みの一つではないだろうか。

(4) 日頃からの準備

　とくに災害派遣等においては急な出動を余儀なくされるため、日頃からの準備が大切であることは言うまでもない。その準備とは、こころの準備は当然であるが、具体的にどのような問題が生起する可能性がある

のか、その問題を解決するための方法をどうするか等、日頃から家族間で共有しておくことを勧めている。

これは、組織だけではなく、家族を残して現場に向かう支援者の責任でもある。

また、家族は一緒に出動の準備をすることで、心理的な側面で支援者の活動を共有することもできる。

国際平和協力活動に従事する隊員の妻が、「自衛官は自分のことは自分でやる癖がついているので頼られることが少ない。妻としては楽だが、自分も何か役に立っているという実感がほしい」と語ってくれた。

支援者はさまざまな活動経験を通じてストレスや苦労を感じる一方で、充実感や満足感を得られる場面も多く経験する。支援者は、救援活動で経験したさまざまな感情は、同じ活動に従事した仲間同士でしか共有できないと感じている。しかし、支援者を支える家族は、ストレスや苦労のような感情も、充実感や満足感のような感情も共有したいと考えており、共有することで支援者を支える家族としての充実感や満足感につながると考えているのだ。さらには、支援者の苦労や満足感を通じて被災地や被災者を理解することにもつながるのかもしれない。

(5) 活動後の振り返り

第8章では、活動した仲間で救援活動後に振り返りをすることで体験を整理し、自信と達成感を獲得し活動の意義を確認すると述べられている。

これは支援者と家族の間においても同様である。支援者自身が災害等の現場でどのような活動をし、何を感じたのか。その間、家族はどのように過ごし、何を感じていたのか。これらを話し合うことで、体験した出来事を整理し、ねぎらい、成長を認め合い、次に進めるのである。そして、この話し合いが、家族との関係性を再構築するきっかけとなる。

活動後の振り返りについては組織ではなく、支援者自身の責任におい

て、互いのケアとして取り組むことである。

おわりに

　筆者の体験したエピソードを通じて、考えられる支援者家族への支援について述べた。あくまでも私見であり、まだまだ検討できることはあると思う。これまで、目が向けられにくかった支援者家族に目を向けるきっかけとしていただければ幸いである。

コラム5 「ごちそうしたいんだよ」

　東日本大震災後の、ある仮設住宅での出来事である。私は90歳台のお年寄りに話を伺っていた。何かの拍子にそのおばあさんから、「うどんは好きかい？」と尋ねられた。私は大の麺好きで、一日三食、麺でも大歓迎だ。「はい」と答えると、おばあさんは「ちょっと待っててな」と席を立った。さて、私はまずいことを言ってしまったかなと不安になった。

　しばらくして戻ってきたおばあさんは「今朝、打ったばかりのうどんだ」と言って、5人分くらいのうどんを持ってきてくれた。私は正直なところ、私がその場で食べる1杯くらいならば、ありがたくいただいてもよいだろうと思っていた。ところが、一抱えもする量だ。おばあさんはニコニコして「みんなで食べらんしょ」と言う。さて、困った。被災者のお年寄りの食料をもらってもよいものかと、こころが痛んだ。しかし、お断りする言葉も思いつかず、心苦しいながらも、そのまま受け取ってきて、同僚とありがたくいただいた。

　さて、東日本大震災から7年が経ったある日、テレビ番組でコピーライターの糸井重里氏が対談しているのを偶然目にした。糸井氏は震災後、被災地とかかわりを持ち続けるには何ができるかと考えて、現地に会社を立ち上げたという。その縁があって、今でも定期的に被災地に出かけている。

　現地の人々とも交流が生まれた。出かけていくたびに、「震災後初めて獲った魚だ」「初めて収穫した野菜だ」と被災者の方々から糸井氏は大歓迎された。糸井氏は「こんなにごちそうしてもらっては困るなあ」と頭を掻いた。すると、被災者の男性は「ごちそうしたいんだよ。助けてもらうばかりでなくて」と答えたという。

　限られたものしか持たない状況でも、与えられたサポートにお返しをしたいという気持ちが湧き上がるのは自然なことだろう。支援は双方向性だとつくづく思う。支援者から被災者への一方向的なサポートという視点ばかりでなく、被災者自身がみずからの力で立ち上がるという視点を欠いた対策は、どこかに不自然な流れを創り出してしまうのではないかと反省した。被災者をすべて他者からしてもらう「お客様」にしてしまうことがないように支援の枠組みを考えるべきだろう。

〈高橋祥友〉

第13章
被災地における災害支援者支援
―― 中・長期的なこころのケアに焦点を当てて

野口　代

　災害発生時には被災者と同様、支援者も大きな心理的影響を受けることとなる。支援者は、自分自身が被災者であることも多く、災害直後には大きな惨事ストレスにさらされ、中・長期的にも長く続く被災者への支援や対応で疲弊することとなる。また第2章で解説されているように、被災者の外傷体験を傾聴し、共感するだけでも聞き手にはストレスが生じる。このようなストレスが長期にわたって続くと、こころと体にさまざまな変調をきたすこととなる。

　災害時のストレスによって心身に引き起こされる変調は、ストレスの原因となるものの大きさだけでなく、ストレスを受ける側である個人の特性によっても変わってくる。そこで本章では、どのようなことが被災地の支援者にとってストレスとなるのかについてと、ストレスを受ける側である個人の特性として近年注目をされているリジリエンスについて取り上げ、そのうえで、被災地における支援者支援の方法（リジリエンスを高める方法）を紹介していきたい。なお、リジリエンスの総論については第5章で非常にわかりやすく解説されているため、ここでは支援者のリジリエンスの状態や段階に応じた支援に焦点を絞って紹介をしたい。

災害時の支援者にとってストレスとなるもの

　これまで災害時のこころのケアでは、主に発災直後から数ヵ月間に起こりうるこころへの影響に焦点が当てられており、その期間での支援者のストレスの原因として「トラウマとなる恐ろしい体験」や「大切な人やものを喪失した悲嘆」「過酷な業務による疲労」といったものが挙げられてきた[3][5][6]。

　一方で、年単位での長期的な活動を継続してきた支援者にとってどのようなことがストレスとなるのかについては、これまで十分な検討がなされてこなかった。そのため筆者らは、東日本大震災から3年後に、地震、津波、原子力災害の影響を受けたA市において長期的なソーシャルワークに携わる支援者のストレスについてインタビュー調査を行った[8]。その結果、支援者が抱えるストレスの原因として、①恐怖・恐ろしい体験、②悲嘆・喪失体験、③支援業務による疲労、④無力感・自責感、⑤不安、という5つのカテゴリーが抽出された（表13-1）。

　ここでいう①恐怖・恐ろしい体験とは、具体的には「余震の恐怖」や「悲惨な光景を見ること」によるストレスであり、②悲嘆・喪失体験は、「支援対象者の震災関連死」や「故郷の喪失」といった大切な人やものを失うことであった。また③支援業務による疲労は、「支援業務の増加と困難さ」や「過酷な環境」「支援者同士の連携の問題」「業務裁量権のなさ」「支援対象者の状態の悪化」に関するストレスであった。そして④無力感・自責感には、「支援者としての力不足」や「理不尽な現実」を突きつけられることが含まれていた。最後に⑤不安は、「先行き不安」や「健康不安」についてのストレスであった。

　①〜⑤に該当する発言をした支援者の数を比較すると、③支援業務による疲労について言及した支援者が最も多く、次いで④無力感・自責感、⑤不安が多かった。これまで災害時のソーシャルワーカーのストレ

表13-1 支援者のストレスの原因

カテゴリー	サブカテゴリー	インタビューで語られた内容の具体例
①恐怖・恐ろしい体験	余震の恐怖	余震が続き眠れなくなることがあった／避難者が余震への恐怖で家に帰れなかった
	悲惨な光景	悲惨な光景がTVで流れていた
②悲嘆・喪失体験	支援対象者の震災関連死	震災で早く亡くなる人がいた
	故郷の喪失	親しんできた土地が仮設住宅になった
③支援業務による疲労	支援業務の増加と困難さ	休みなく働き続けた／安否確認が難しかった
	過酷な環境	ライフラインが途絶した／食糧・物資が不足した
	支援者同士の連携の問題	支援者同士の情報共有が不十分で支援が重なった／支援者同士の不信感がある
	業務裁量権のなさ	家族の避難と支援者としての責務の間で板挟みになった／業務中に家族の避難について考えられなかった
	支援対象者の状態の悪化	避難所で急病人がでた／精神疾患や障害をもつ住民が増えた
④無力感・自責感	支援者としての力不足	避難所を回るのが遅れたことが悔やまれる
	理不尽な現実	福島県から避難していることでのいじめがある／補償の格差による住民同士の軋轢がある
⑤不安	先行き不安	収入が減った／将来の見通しが立たない
	健康不安	放射能による健康被害への不安がある／子どもの放射線障害への不安がある

スに関しては、主に「疲労」や「恐怖（トラウマ）」に注目した調査がなされてきた。しかし、このインタビュー調査では、長期的なソーシャルワークにかかわる支援者では、「無力感・自責感」や「不安」についても多く語られていた。

この「無力感・自責感」については、東京電力福島原発職員を対象とした被災体験とメンタルヘルスの調査が行われ、差別や中傷を受けたことのある職員は受けていない職員と比較して長期的なトラウマ反応が出やすいということが示されていた。筆者らの調査においても、差別やいじめなど「理不尽な現実」に関する発言は多く、これらが支援者のメンタルヘルスに大きな影響を与えている可能性が考えられた。

「不安」については、これまでの研究では示されてこなかったもので

あり、放射線障害による「健康不安」や、長期的な影響による「先行き不安」が原子力災害ならではのストレスの原因として抽出されたものと考えられた。

このようなことから、中・長期的な支援においては、「無力感・自責感」や「不安」が特徴的であり、これらについても注意深く観察し、ケアを考えていかなければならないということが示された。

しかし、このようにストレスの原因を突きとめ、それを取り除いたり対応したりするアプローチが重要である一方で、「無力感・自責感」や「不安」といった原因を取り除くことはそう簡単ではないという印象ももたれるであろう。また、対応がうまくいかなかった場合にはどのようにしたらよいのかについても考えなければならない。そのため近年では、ストレスの原因だけでなく、ストレスを受ける側にも注目し、支援者のリジリエンスを促進するアプローチも示されている。以下では、そのようなアプローチについて紹介をしていく。

支援者のリジリエンス

フィグリーの定義によれば、災害時のリジリエンスとは、災害時にストレスを跳ね返す力であり、①身体面、②心理面、③対人関係面、④職務遂行、⑤セルフケアの5領域の力がどの程度発揮されているかによって測定される（図13-1）。

災害時にはこれら5つの領域の力（リジリエンスに関連する5つの要因）がどのように、そしてどの程度機能しているのかが重要となる。そこでまず5つの領域それぞれを具体的に説明していく。

①身体的な機能が挙げられている。これには、毎日だいたいどのくらい眠れているのかといった睡眠時間や、食事は十分にとれているかといった栄養状態などが関係してくる。

②心理的な機能である。これも支援者にとって非常に重要な力であ

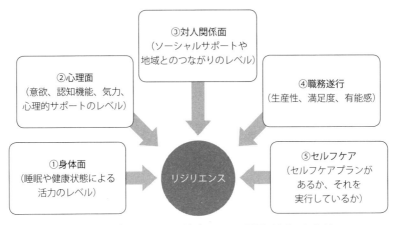

図13-1　リジリエンスに関連する5つの要因（文献4を改変）

り、知的な能力や意欲、心理的なサポートといったもので評価することができる。

③対人的な機能である。被災者の中には閉じこもってしまい、他者と交流しない人も出てくる。このようなことから、対人的な面で問題を抱えているかどうかを判断できる。またこれは、社会的サポートの有無によっても左右される。つまり、どの程度の社会的サポートを他者に与えているか、あるいは受けているか、ということである。また、地域や集団にどの程度なじんでいるか、どのくらいのつながりをもっているかということも一つの指標となる。

④もちろんみずからの仕事や業務についても十分に遂行できていなければならない。つまり、専門的な業務においても一般的な作業においても、どの程度自分の力を発揮できているかが第四点目となる。対人援助職であれば、利用者の満足度がどのくらいであり、サービスをどの程度うまく提供できているかということがこの機能に当たる。

⑤セルフケアが挙げられる。身だしなみなどを含めて、自分自身のことをきちんと行っているか、しっかり睡眠や栄養をとっているかも

セルフケアに含まれている。そして、この点については後述するが、根拠に基づいたセルフケアのプランをしっかりと作成し、実行しているかということも重要になってくる。

とくに災害時には、専門的な援助や医療が必要な人を、迅速に見極めることが重要となる。そのためリーダーとなる者は、チームのメンバーである支援者がどのような状態であるかを見極めなければならない。個々の支援者がこれら5つの領域の力を十分に発揮できているかどうかによってリジリエンスの程度を評価し、誰に、いつ、どのような支援が必要かを迅速に判断することになる。

そしてそのためには、支援者の状態を把握するためのツールが必要となる。リジリエンスは、もちろんその有無がイチゼロ（1 or 0）で評価されるものではない。あいまいな境界をもちながら連続している（そのような状態をスペクトラムという）ため、表13-2のように個々の支援者のリジリエンスの状態をスペクトラムで表すツールが示されている。チームのメンバーやともに働いている同僚、そして自分自身についても、このスペクトラムのどこにいるのかということを把握しておく必要がある。そこで次にこのリジリエンス・スペクトラムの見方について説明をしていく。

リジリエンス・スペクトラムでは、図13-1に示されている5領域のうちいくつの領域がうまく機能しているかによって、その人のリジリエンス・レベルが示される(4)。複数の領域が機能していない場合には、被災地での支援を考え直さなければならない。次にこのリジリエンスの各レベルについて説明をしていく。

表13-2では、一番左のレベル5が最もリジリエンスが高く、好ましい状態であり、非常によい模範となる支援者とされる。機能に関してまったく問題を抱えておらず、その他の支援者をコーチングする立場となりうる。

レベル4の者は、最高ではないがリジリエンスが高い状態といえる。

表13-2　心理的リジリエンス・スペクトラム（文献4を改変）

Level 5	Level 4	Level 3	Level 2	Level 1
良い状態　←				悪い状態
問題なし	1領域の機能に問題	2領域の機能に問題	3領域の機能に問題	4つ以上の領域の機能に問題
回復力が非常に高い 模範となれる	十分機能している	うまく機能していない部分があるが許容範囲	好ましくない状態であり、支援を要する	機能不全
Action: チーム内の他のメンバーのトレーニングやコーチングを担う	Action: 今の状態を維持するよう努める	Action: スーパーバイズやピア・サポートが必要	Action: ただちに計画を立てて支援を受けることが必要	Action: ただちに医療サービスへの受診が必要

一領域の機能に問題を抱えている可能性があるが、十分なレベルであり、周りの者にはよい模範となり、この状態を維持することが重要である。多くの支援者はこのレベルにあるといわれている。

　そしてレベル3から、支援の必要性が出てくる。レベル3は、2領域程度に問題を抱えており、リジリエンスが高い状態とは言えない。このレベルで必要な支援としては、スーパーバイズや同僚のサポートが挙げられている。そのため、チームのメンバーは、このレベル3の支援者を支援する必要があり、リーダーはこのレベルの者にも注意を払って状態を把握していく必要がある。

　これより下の2つのレベルの支援者は、問題が大きいので十分注意を払わなければならない。レベル2の者は、3領域の機能に問題を抱えており、リジリエンスの状態が低く、支援を要する。そのため、リーダーが具体的なプランを作って、それに基づく援助を提供し、その効果をモニタリングし続け、可能な限りリジリエンスを高める努力をしなければならない。

　最後に一番下のレベル1にある者は、すでに支援者としての機能を果たせていない。問題のある領域が非常に多いため、このレベルの者に対

しては積極的に専門的なメンタルヘルスのサービスにつなげる必要がある。

支援者のリジリエンスを促進するための方法

　ここまでにみてきたリジリエンス・スペクトラムは、支援者への支援の必要性を見極め、それに基づき支援者個々のリジリエンスを促進するために重要なツールとなる。つまりこのスペクトラムにおいて、レベル1〜3であった支援者に対して優先的に支援を行い、問題のあった領域を補い、リジリエンス・レベルを高めていくことになる。このスペクトラムを作成したフィグリーは、そのための対策として次の(1)〜(3)を挙げている。以下では、(1)〜(3)の具体的な説明に加えて、それらを軸に筆者らのこれまでの調査により有効と考えられた支援者支援の方法を紹介していく。

(1)　セルフケアとセルフマネジメントを行う（十分な休養と栄養をとる、適度な運動をする）

　平時においても有事においても、支援者と呼ばれる人が、被災者あるいは患者、クライエントのことに集中し過ぎてしまい、自分のニーズや体験をつい見過ごしているということがよく見受けられる。
　フィグリーは、飛行機に搭乗した時の例を出して、支援者のセルフケアがいかに大切かを繰り返し述べている。飛行機で、もしトラブルにより機内の気圧が下がった時にはマスクが出てくる。その際、客室乗務員からは、他の人がマスクをつけているかを確認する前に、まず自分自身がマスクをつけるようにと指示される。もし自分の身に何かあれば、十分に他者を助けることができなくなるからである。つまり自分自身も同じ災害に被災し、他者を支援しようとしているのであれば、まずは自分自身のケアをしっかり行わなければならない。それができて初めて被災

者の役に立てるということを強調している。このように非常に重要となるセルフケアの具体的方法について以下に挙げる。

・時々は仕事から離れ、体を伸ばしたり、動かしたり、深呼吸をしてみる
・定期的に休息や栄養（十分な睡眠と食事）をとる
・自分の行動をポジティブに評価し、ストレスの兆候が現れたら、自分の気持ちやストレスに感じていることを素直に認め、援助を求める

(2) リジリエンスについて知る、スキルと知識を身につける

　この点はとくに平時から行っておくべきことである。つまり、支援者に起こりうる心理的な問題やその対応に関する知識とスキルを、平時から教育や研修を通して身につけておく必要がある。今回紹介したツールや対応を知っておくだけでも、より早期に支援者の心理的な問題に気づき、それに基づく対応を迅速に行うことにつながる。

　平時にメンタルヘルスの態勢を整えておかなければ、緊急時には何もできない。これは今回取り上げたリジリエンスを促進するための方法すべてに当てはまり、支援者がつねに頭に入れておかなければならないことである。

　そしてこのような教育や研修、体制づくりにはとくに組織的なサポートが必要となる。また組織として、知識やスキルだけでなく、自分たちの提供しているサービスや支援が非常に重要だと感じられる、意欲が出るような研修や相談支援を提供することも重要である。以下に、組織として行うべきサポートを示す。

・支援者が行っている業務の価値づけ
・支援者のストレスについての教育
・住民（被災者）の心理的な反応についての教育
・被災現場のシミュレーション

- 役割分担と業務ローテーションの明確化
- 支援者の心身のチェックと相談支援体制の整備
- 現場でどのような活動をしたか、事実関係を活動後に簡単に報告させてから任務を解く

(3) 心理的・精神的なサポートやソーシャル・サポートを得る（希望をもつ）

他者とのつながりや絆というものを深めていくことも重要である。前述したとおり、差別や中傷を受けたことのある者は受けていない者と比較して長期的なトラウマ反応が出やすいとされるが、逆に社会的サポートはPTSD発症の予防因子となることも示されている。

それゆえ、自己効力感や、集団的な効力感をもてているかということを定期的に評価していく必要がある。心理的・精神的なサポートやソーシャル・サポートを得るための方策を以下に示す。

- 家族や友人と過ごせる時間を大切にする
- 自分だけで何とかしようと気負わず、自分の限界を知り、仲間とお互いに声をかけ合いながら活動する
- 自分の体験・目撃した災害状況や、それに対する自分の気持ちを仲間と話し合ってみる

上記以外にも、国や都道府県などによる災害時のこころのケアに関するガイドラインやマニュアル[2][5]には支援者支援の方策が示されており、インターネットでも閲覧が可能である。ぜひ一読していただきたい。

おわりに

被災地における中・長期的な支援においては、「無力感・自責感」や「不安」によるストレスが特徴的と考えられた。このようなストレスの原因へのアプローチは簡単ではない場合もあるため、ストレスを受ける側に注目し、フィグリーのリジリエンス・スペクトラムを用いて、支援

者のリジリエンスを促進するアプローチについて解説した。リジリエンスを促進するアプローチは平時から取り組んでおくことが重要である。

〔文　献〕
（1）Adams, R.E., Boscarino, J.A., Figley, C.R.: Compassion fatigue and psychological distress among social workers: a validation study. *Am J Orthopsychiatry* 76: 103-108, 2006.
（2）朝田隆、宇野裕、佐藤晋爾他「災害時のこころのケア―心理支援、医療・福祉、生活支援」2015年（http://www.tsukuba-psychiatry.com/?page_id=981）
（3）Figley, C.R., Nash, W.P. (Eds.): *Combat stress injury: theory, research, and management.* Routledge, 2007.
（4）Figley, C.R.: Disaster relief for mental health care: developing disaster resilience.（Keynote address, 22nd Annual Seminar on Social Welfare in Asia and the Pacific Rim 2014, Japan College of Social Work）（https://docs.google.com/viewer?a=v&pid=sites&srcid=ZGVmYXVsdGRvbWFpbnxmaWdsZXlwcmVzZW50c3xneDoxMDZmOTc1Nzg3NWJlY2Y4）
（5）内閣府「被災者のこころのケア　都道府県対応ガイドライン」2012年（http://www.bousai.go.jp/taisaku/hisaisyagyousei/pdf/kokoro.pdf）
（6）Nash, W.P., Vasterling, J., Ewing-Cobbs, L. et al.: Consensus recommendations for common data elements for operational stress research and surveillance: report of a federal interagency working group. *Arch Phys Med Rehabil* 91: 1673-1683, 2010.
（7）日本赤十字社編「災害時のこころのケア」2008年（http://www.jrc.or.jp/vcms_lf/care2.pdf）
（8）Noguchi, D., Miyoshi, M., Watanabe, M. et al.: Stressors in disaster social work after the Great East Japan Earthquake: an exploratory study. *Journal of Sociology and Social Work* 5: 41-46, 2017.
（9）Shigemura, J., Tanigawa, T., Nishi, D. et al.: Associations between disaster exposures, peritraumatic distress, and posttraumatic stress responses in Fukushima nuclear plant workers following the 2011 nuclear accident: the Fukushima NEWS Project study. *PLoS One* 9: e87516, 2014.（doi: 10.1371/journal.pone.0087516）

災害対策は他人任せでよいのか

　とくに歴史好きというわけではないのだが、時折、わが国の現代史を振り返ってみることがある。1868年の明治維新から数えて、本書をまとめている時点（2018年）でちょうど150年となった。

　年表を眺めてみると、19世紀末から20世紀半ばまでは、大きな戦争や大災害の連続であった。たとえば、

　1894年　日清戦争
　1904年　日露戦争
　1914年　第一次世界大戦
　1923年　関東大震災
　1937年　日中戦争
　1941年　太平洋戦争

これだけ短期間に大規模災害が連続していた頃には、人々は「いつまた大災害が起きるかわからない」「今の穏やかな状況はいつ壊れるかもしれない」といった不安がこころのどこかにあって、何らかの備えもできていたのではないだろうか。

　太平洋戦争が終了して70年以上、わが国は平和が保たれていて、それはとてもありがたいことではある。しかし、あまりにも長く続いた平和の影響で、天変地異が起きることがどこか他人事になっているようなところはないだろうか。天災も人災も遠くの出来事で、たとえ起きても自分とは関係のないことで、誰かが対策を立ててくれるはずだと、思いこんではいないだろうか。

　大規模災害の対策を世界各国に学んでいくと、むしろ途上国のほうが、われわれが学ぶべき点が多いように感じることがある。たとえば、フィリピンである。フィリピンの面積は約30万平方キロメートル（日本の8割）、人口は約1億人と、どちらもわが国よりも少し小さくて、約7000の島からなる。この国では、大規模災害が生じた場合に、ただちに救援を期待できる地域ばかりではない。そこで、中央からの支援が来るまでの間、最低でも1週間は被災地独自でもちこたえることができるような、地域に根差した対策を考えるのが基本であるという。地域住民自身も支援活動において中心的な役割を果たすように計画されている。

　このような自助の精神は私たちも学ぶべきだろう。対応をお上任せにして、少しでも不満があると、マスコミを通じて他者を攻撃するという心構えでは、十分な災害対応はできないだろう。少なくとも自分の命は自分で守るという気構えがあってこその、災害対応ではないかと感じる。　　（高橋祥友）

第14章
支援者が燃え尽きては支援活動は進まない

高橋祥友

　本書では、災害支援者とは、消防官、警察官、自衛官、医療従事者、一般行政職員、ボランティアの人々など、大規模災害時に被災者に対する支援活動を実施する人々を指している。支援者支援の重要性は古くから指摘されていたものの、わが国でこの課題に実質的に多くの関心が払われるようになってきたのは、阪神淡路大震災や東日本大震災以後であるといえるだろう。⁽⁶⁾⁽⁷⁾⁽⁸⁾

　災害支援者が燃え尽きてしまっては、期待される支援活動に支障をきたす。これは自明のことであるのだが、現実にはしばしば忘れられている点でもある。支援者自身も、「弱音を吐くな」「強くあれ」「自力で解決しろ」「プロは厳しい状況に耐えて当然だ」といった態度をとりがちである。

　たとえば、外科医について考えてみてほしい。身体の不調を自覚していたものの、責任を感じて、予定どおりに手術を始めたとする。最初はなんとか持ちこたえていたものの、徐々に不調が悪化してきて、めまいや動悸が激しくなり、手術場で倒れてしまった。これでは最悪の場合、患者の命が危険にさらされる可能性さえある。このように倒れるまで頑張りぬくことが真に責任ある態度なのだろうか？　むしろ、状況を適切

に判断して、手術に適さない体調だと考えたら、同僚に手術を代わってもらうとか、手術を一時延期するといった態度が外科医には求められるはずである。

　同様に、倒れるまで頑張りぬくのが、専門の支援者として望まれる態度ではなく、支援活動に備えて体調を整えておいたり、自分の体調を正確にとらえて、それに応じた活動を計画すべきである。

　危険にさらされながらの行方不明者の捜索、救命活動、遺体収容などに従事していると、支援者は被災者と同等かそれ以上の強いストレスに見舞われる。きわめて混乱した状況で、迅速な対応を求められる。すべての状況に100％当てはまる適切な基準などなく、支援者がその場で個人的に判断を下すこともしばしば求められる。自分の判断が必ずしも正しいと自信がもてない場面も稀ではない。また、支援者自身や家族が被災している場合もあるだろう。一般の会社員ならば、仕事を後回しにして、家族のもとに駆けつけて、その安全を守るというのが当然の状況であっても、専門の支援者にはそのような行動は許されない。東日本大震災後に、家族と会うこともできないまま、数ヵ月間も救援活動に専念した支援者もいた。また、地方自治体や国の対策に不満をもつ被災者から支援者に対して、こころない言葉を現場で浴びせかけられるようなことさえ起こりうる。

　このように、支援者が抱えるストレスが非常に強いことが容易に想像できるのだが、彼らの心身の健康保持に関心が払われるようになったのは比較的最近のことである。支援者の心身の健康が保たれてこそ、期待される支援活動が実施できるという点を再認識してほしい。

　筆者は、大規模災害に備えて特別なメンタルヘルス対策をどう整備すべきかと質問されることがよくある。しかし、緊急事態における特別なメンタルヘルス体制が存在するわけではない。平時から職場のこころの健康作り体制を整備しておくことこそが重要である。緊急事態では、マンパワーも、資金も、機材も不足する。さまざまな制約がある緊急事態

においては、日頃から実施しているメンタルヘルスの基本原則を臨機応変に活用することが求められる。

　専門の支援者であっても、生身の人間である。一般の職場よりもはるかに強いストレス下での活動において起こりうるこころの問題について十分な知識を得て、それへの適切な対処法を身につけておき、日常の活動においてもこころの健康を保つ態勢を備えておく。そして、大規模災害が生じた際には、そのメンタルヘルス保持の大原則をいかに柔軟に適用していくかが課題になる。

燃え尽き症候群を防ぐには

　燃え尽き症候群とは、非常にストレスの強い職場で働いていて、成果が目に見えて現れないような活動に従事していると、徐々に心身の疲労が蓄積されていき、最後には燃え尽きてしまう状態を指す。これは精神医学や心理学の正式な診断ではないのだが、しばしば話題になるので、ここでは燃え尽き症候群という術語を使うことにする。強いストレス下で働いているうちに、自分の仕事の意義も見出せなくなり、無力感を覚えたり、仕事が無意味に感じたりしてくる。仕事に対する意欲もなくし、出勤するのも面倒になる。自尊感情が下がり、気分は沈み、意欲も減退する。不眠や食欲不振といった、さまざまな身体症状も伴う。なんとか気分を晴らそうとして、アルコールや違法な薬物に頼るといったことも起こりうる。重症になると、うつ病の診断が下されるほどになる。

　燃え尽き症候群を防ぐために、フィグリーは次の3点を指摘している。
[2]

(1) **仕事の意義とともに限界についても認識しておく**

　支援者であれば、誰もが自分の仕事の意義は把握しているだろうが、どれほど努力してもできないことも現実にはあるという点を承知してお

く必要がある。たとえば、救急部で若い医師や看護師が搬送されてくる患者をなんとか救命しようと必死になって全力を尽くす。しかし、どれほど努力したところで、ある程度の割合で死亡する患者が出てくるという現実も受け入れられないと、燃え尽きてしまう。この点については、経験豊富なベテランのスタッフが若手に援助の手を差し伸べてほしい。

なお、自分自身の、そして一緒に活動している同僚の現在の状態を把握しておくことも重要である。具体的には最低でも次のような点についてチェックしておく。

・眠れているか？（疲れているのに、眠れないことはないか？）
・食欲はあるか？（短期間に体重の減少はないか？）
・感情が不安定になっていないか？
・さまざまな身体不調はないか？
・判断のミスなどが増えていないか？

(2) **対象者との間に適切な距離を置く**

再び救急部の例を挙げるが、若い医師や看護師が搬送されてくるすべての患者に対して、まるで自分の家族のように親身になって対応する。もちろん、このような共感的な態度は立派だが、これも度が過ぎると、燃え尽きの原因となりかねない。対象者との間に、ある程度の適切な距離を置くことも留意しておくべきである。

(3) **同僚からのサポートが重要**

たとえ家族や友人がいて、特殊な状況における活動について話したところで、その状況を知らない人には十分に理解してもらえないこともあるだろう。同じような状況で活動している仲間だからこそ、その活動の内容やその際の思考や感情について経験を共有できるというのも現実である。一緒に活動している仲間との円滑な関係を保つことこそが、支援者が心身の健康を保持するための基礎となる。

表14-1　適正飲酒とは

- 1回に飲む量は1合程度（3合以上は明らかに多量飲酒）
- 週に1度は休肝日！　月1回は1週間休む
- 楽しい雰囲気で、気の合う人と飲む（ひとりで飲まない）
- 食物（タンパク質やビタミン豊富な食物）を食べながら飲む
- 度数の強い酒は割って飲む
- ストレスが強い時は飲まない（酒はストレス解消にはならない）

　以上の3点は、燃え尽き症候群を防ぐうえでの大原則となるので、これらの点が守られているか、つねに注意を払っておく。

　なお、ストレス対処の方法として飲酒を思い浮かべる人が少なくないが、これはまったくの誤解である。大規模災害後の支援活動に従事した人を対象とした調査では、一般住民に比べてアルコール依存症の率が有意に高まるといった報告が数多くある。世界保健機関（WHO）も、アルコールは世界で最も広く乱用されている薬物であることを繰り返し警告している。日常生活でも同様の点が指摘されるが、とくに大規模災害後の支援活動中や活動後において、飲酒の問題が増える可能性についてしばしば指摘されているので、十分な注意を払う。参考までに適正飲酒の目安を表14-1に挙げておく。

職員派遣の際の留意点

　発災直後だけでなく、中・長期的支援のために職員が被災地に派遣されることがある。たとえば、現在でも東日本大震災の被災県に全国から多くの職員が派遣されている（表14-2、図14-1）。なお、以前、東日本大震災後に被災地に応援に入った職員の中から自殺者が出て、深刻な問題となった。これは派遣元の組織にとっても、協力を依頼した被災県にとっても、不幸な出来事として今も記憶に新しい。このような悲劇を繰り返さないためにはどのような教訓が残されているだろうか。

表14-2 東日本大震災被災市町村への派遣職員
（平成30年1月1日現在）（文献5）

県 名	要望状況		充足数	不足数
	市町村数	要望数		
岩手県	9	289	236	53
宮城県	13	848	706	142
福島県	14	166	151	15
合 計	36	1,303	1,093	210

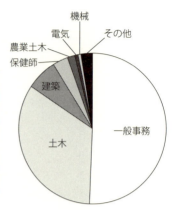

図14-1　職種別状況（文献5）

(1) 組織として

　派遣された地で命を絶った職員が「希望して被災地に行ったが、役に立てず申し訳ない」「復興の役に立っているか分からない」といった言葉を残していたと報じられている。支援者が自身の活動を振り返って不全感を抱くことは必ずしも珍しいことではないと、災害精神医学の教科書でもしばしば指摘されている。派遣前の事前教育において、限られた期間中に100％の支援ができるわけではなく、緊急に支援に駆けつけたこと自体が被災地の人々にとって大きな支援になることを強調してほしい。支援にかかわった人々の努力の総和が全体として100％になればよいのであって、個人としては不全感を抱くこともありうると、派遣される人に派遣前教育で繰り返し強調しておく。

　また、単独派遣をしないということも重要であるだろう。最低でも2人以上で派遣し、何かがあれば以前から顔見知りの同僚が相互にサポートし合えるような態勢をとる。

　もちろん、もとの職場に戻ってくる場を確保しておくといった配慮も必要である。被災地に片道切符で派遣するというのは、あまりにも無責任である。また、派遣期間もあらかじめ話し合っておき、派遣される人

もどの程度の期間、支援活動を続けるのか承知しておくことができるようにする。

　もとの職場からは、派遣された人に定期的に連絡をとるといった配慮もしてほしい。職場の医務室の看護師、保健師、産業医、人事担当者の誰かが被災地を時々訪問し、現地における支援者の活動を視察し、さまざまな問題に耳を傾ける。SNSを活用したり、週報や月報という形で、派遣された支援者とその家族、もとの職場の間で連絡を取り合うといった工夫も勧められる。要するに、支援者が被災地で孤立しないような対策をさまざまな形で用意しておく。

　悩みや問題に気づいたら、一人で抱えこまずに、率直に相談できる窓口を設置しておくのもよいだろう。派遣された人の背後には組織としてのサポートがあることをさまざまな形で伝える態勢を工夫しておく。

(2) 個人として

　いつもとは異なる環境（多くの場合には、日常の業務に比べると、はるかに強いストレス下）で、方言や風習が異なる遠隔地での活動は、心身の疲労をきたしやすいことを承知しておく。ASD（急性ストレス障害）、PTSD（心的外傷後ストレス障害）、うつ病、アルコール依存症などを発病する可能性もある。明らかな精神障害の診断が下されることはなくても、原因不明のさまざまな身体症状が現れることも予想される。アルコールはストレス対処のための適切な方法ではないことはここでも強調しておく。緊張を強いられる活動も多いと予想されるため、どのようにしてリラックスするかといった点についても情報を与えておく（例：確実に休養をとる、1日の活動時間をあらかじめ決めておく）。

　したがって、自分自身、そして一緒に活動している同僚に言動の変化はないか、「燃え尽き症候群を防ぐには」で指摘した項目につねに注意を払う。

　問題に気づいたら、一人で抱えこまずに早い段階でSOSを発するよ

うに教育しておく。繰り返しになるが、倒れるまで頑張りぬくのがプロの支援者として理想的な態度ではなく、自分の限界を認識して、必要な援助を求める態度こそが望まれる。理想的な支援者とは、問題がまったくない人ではなく、問題に早い段階で気づいて、それを一人で抱えこまずに、適切に解決策を見出すことができる人である。

(3) 家族に対して

　家族の一員が大規模災害の被災地に派遣されていると、留守家族に入る情報の大部分はマスメディアのニュースを通じてのものとなりがちである。マスメディアのニュースは、主に（ニュースバリューの高い）悲惨な状況を中心として伝えるため、派遣された人に関する留守家族の不安やストレスが強まることが往々にしてある。派遣された人は、機会を見て、家族に連絡をとり、生の声を聞かせることが、留守家族の不安を軽減することにつながる。また、支援者の家族同士のネットワークをあらかじめ築いておき、同様の状況に置かれている人たち同士の支え合いの輪を強めておく工夫も役立つだろう。所属組織からも、留守家族に十分な情報を提供してほしい。現場の様子を伝える週報や月報を定期的に家族に届けたり、あるいはSNS等を活用したりして、支援者の活動を家族に知らせるといった工夫も役立つはずである。

まとめ

　繰り返しになるが、専門の支援者の心身の健康が保たれてこそ、期待される支援活動の実施が可能となる。従来は、プロの支援者である以上、自分の健康を自力で守ることができて当然であるという風潮が、一般の人々の中にも、そして、支援者自身にもあった。しかし、支援者といえども、生身の人間である。一般の人々が経験するよりもはるかに強いストレス下での活動は、支援者の心身の健康を損なう可能性があるこ

とを忘れてはならない。ただし、否定的な側面ばかりを強調するのも問題であり、多くの支援者は生来の回復力を備えている。そして、ほとんどの支援者はそのような強いストレスの下でも期待される活動を立派に実施し、さらなる成長を遂げる(1)。しかし、たとえわずかな率であったとしても、さまざまな問題が起きる可能性に備えておく必要がある。

なお、大規模災害に特化したメンタルヘルス対策があるというわけではなく、日々の職場のメンタルヘルス対策を日頃から整備しておくことに尽きる。大規模災害が起きると、マンパワーも、資金も、機材も足りない中で、支援活動を展開しなければならない。その中で、支援者の心身の健康を保とうとすると、日頃の職場で実施している健康保持の基本原則を臨機応変に実施することが大原則となる。その意味でも、日常的に実施できていない対策を、大規模災害時だけに行うということは不可能である。

〔文　献〕
（1）ジョージ・A・ボナーノ（高橋祥友監訳）『リジリエンス―喪失と悲嘆についての新たな視点』金剛出版、2013年
（2）Figley, C. R.（Ed.）: *Treating compassion fatigue.* Routledge, 2002.
（3）「陸前高田市の応援職員自殺　盛岡市が派遣　遺書に『役立てず』」MSN産経ニュース、2012年8月24日
（4）「復興派遣の宝塚市職員の自殺、被災地に悲しみ　対策強化へ」MSN産経ニュース、2013年1月10日
（5）総務省「総務省における被災地方公共団体に対する人的支援の取組」2018年（http://www.soumu.go.jp/menu_kyotsuu/important/70131.html）
（6）フレデリック・J・スタッダード・Jr.、アナンド・パーンディヤ、クレイグ・L・カッツ編著（富田博秋、高橋祥友、丹羽真一監訳）『災害精神医学』星和書店、2015年
（7）高橋晶、高橋祥友編『災害精神医学入門―災害に学び、明日に備える』金剛出版、2015年
（8）高橋祥友「災害救援者のメンタルヘルス対策」『地方公務員安全と健康フォーラム』89-97号、2014-2016年

●執筆者一覧

藤岡孝志（ふじおか・たかし）［第2章］
日本社会事業大学社会福祉学部福祉援助学科教授

藤原俊通（ふじわら・としみち）［第8章］
陸上自衛隊衛生学校心理教官

長峯正典（ながみね・まさのり）［第7章、第10章］
防衛医科大学校防衛医学研究センター行動科学研究部門准教授

野口　代（のぐち・だい）［第13章］
筑波大学人間系障害科学域助教

清水邦夫（しみず・くにお）［第6章］
防衛医科大学校防衛医学研究センター・行動科学研究部門教授

袖山紀子（そでやま・のりこ）［第5章］
筑波大学医学医療系災害・地域精神医学助教

高橋　晶（たかはし・しょう）＝編者［第1章、第4章、第9章、第11章］

高橋祥友（たかはし・よしとも）［第3章、第14章、コラム1～6］
筑波大学医学医療系災害・地域精神医学教授

脇　文子（わき・ふみこ）［第12章］
陸上自衛隊衛生学校心理教官

●編著者略歴

高橋　晶（たかはし・しょう）

1996年　昭和大学医学部卒業
1998年　聖路加国際病院レジデント
2004年　国立精神・神経センター武蔵病院勤務
2012年　筑波大学大学院人間総合科学研究科疾患制御医学専攻
　　　　精神病態医学分野大学院卒業
2012年　筑波大学医学医療系災害精神支援学講師
2016年から現職、筑波大学医学医療系災害・地域精神医学准教授、
　　　　茨城県立こころの医療センター地域・災害支援部長・室長

専攻は精神医学、災害精神医学、老人精神医学、リエゾン精神医学
主著『災害精神医学入門―災害に学び、明日に備える』（共編、金剛出版）

災害支援者支援（さいがいしえんしゃしえん）

2018年12月15日　第1版第1刷発行

編著者――高橋　晶
発行者――串崎　浩
発行所――株式会社　日本評論社
　　　　〒170-8474　東京都豊島区南大塚3-12-4
　　　　電話 03-3987-8621（販売）-8598（編集）　振替 00100-3-16
印刷所――港北出版印刷株式会社
製本所――井上製本所
装　幀――図工ファイブ

検印省略　© 2018 Takahashi, S.
ISBN978-4-535-98470-7　Printed in Japan

JCOPY 〈(社)出版者著作権管理機構　委託出版物〉

本書の無断複写は著作権法上での例外を除き禁じられています。複写される場合は、そのつど事前に、(社)出版者著作権管理機構（電話 03-3513-6969、FAX 03-3513-6979、e-mail: info@jcopy.or.jp）の許諾を得てください。
また、本書を代行業者等の第三者に依頼してスキャニング等の行為によりデジタル化することは、個人の家庭内の利用であっても、一切認められておりません。

自然災害と被災者支援

山崎栄一【著】　◆本体3,500円+税／A5判

災害時における被災者支援、地域における事前の備えのあり方について法学者の視点から解説。2013年災対法・災害救助法改正に対応。
■2014年6月・日本公共政策学会著作賞受賞。

大規模震災と行政活動

鈴木庸夫【編】　◆本体4,000円+税／A5判

東日本大震災・福島原発事故における救済・復興・補償を現行法を使ってどのように解決できるかの展望を示す。自治体政策の視点も。
現実を正視し、今後の大規模災害に備える。

病院で働く心理職──現場から伝えたいこと

野村れいか【編著】
国立病院機構全国心理療法士協議会【監修】

公認心理師の国家資格化と共に注目されつつある医療現場で働く心理師たちの仕事の多様性・協働性に焦点をあてた実用的入門書。

◆本体2,200円+税／A5判

日本評論社
https://www.nippyo.co.jp/